はじめに

家族会議とは？

この本を手にとっていただきありがとうございます。

はじめまして、もひかんと申します。

この本の中でパパとして登場する男です。

大阪在住でトラックの運転手をしています。

毎月の頭に家族で話し合い、それぞれの目標を作り、翌月の頭に結果を持ち寄って反省する──「家族会議」を2015年から続けています。

会議の議事録をたまたまツイッターにあげたところ、たくさんの方に注目いただけるようになり、うれしいような恥ずかしいような、複雑な想いを巡らせています。

もちろん、まさかこうして本として出版していただけるなんて夢にも思っていませんでした。

いまでこそ和気あいあいと会議をしておりますが、我が家の最初の家族会議は、決して明るくポジティブなものではありませんでした。

会議が始まったのは2015年の９月６日。ぼくが仕事で大きな事故を起こしてしまったことがきっかけでした。

それも運転のプロ失格、わき見運転。

幸いにも人を傷つけることはありませんでしたが、完全にぼくの失態です。

恥ずかしいことに裕福でなく、蓄えもなかった我が家は、会社に大きな借金を抱えることになってしまいました。

そのときの家族の話し合いは、重苦しい息の詰まるような空気だったことをいまでもはっきりと覚えています。

ぼくは小遣いを減らし、休みの日はアルバイトへ。ママ（嫁）は夜勤のパートへ。なごみ（長女）とかずとよ（長男）は、欲しかったものをあきらめる――。

家族のそれぞれが何かを切り詰め、何かをかき集めて生活していかなければならなくなりました。

そうして次の会議までに切り詰めるものの目標を決めて実践し、月初にそれぞれが結果を持ち寄ろうということになったのです。

そんな厳しい状況でしたが、唯一の救いは、家族全員が底抜けに（バカ過ぎるくらい？）明るいところでした。

やがて「家族会議」と呼ばれるようになったその集まりは、次第に普段のお互いの良いところを褒め合ったり、他《た》愛《わい》のない「癖」をおもしろがったり、お互いの良くないところを戒める話し合いへと変わり、現在のような形になりました。
　ほどなく「ばあば」ことぼくの母親も同居することになり、いまでは５人でときに楽しく、ときに厳しく会議をしています。

　この本では、ばあばとの同居が始まった、2016年３月から８月までの半年間の家族会議の記録をまとめてみました。
　みなさんにとって少しでも何かヒントになるようなことがあったり、「おかしな家族がいるなぁ」と笑っていただけたらうれしいです。

　それでは、６ページからまずはぼくの愛してやまない家族を紹介いたします。

　どうぞ最後までごゆるりとご覧になってください。

もひかん

なんでも解決！もひかん家の家族会議 目次

もひかん家の家族会議 6月

目標、ここに極まれり!!

ばあば「死なない!!」

もひかん家の家族会議 7月

虫、かかってこいや!!

ばあば「ムシキング極める!!」

もひかん家の家族会議 8月

歳三、かかってこいや!!

ママ「土方歳三をオトす!!」

家族紹介

もひかん

もひかんによる（自分）解説

昔のぼくを知る人が、現在のぼくを見てすごく驚きます。当時は電気もガスも水道も止められ大家に追い出されても、まだ仕事を探さないほど腐っていました。当時お付き合いをしていた女性（ママです）を働きに行かせてでも、のんびりしていたぼくのスイッチが入ったのは、ママが身ごもったとき。無事に産まれてきてくれたのが、なごみです。なので、ママには本当に頭が上がりません。ぼくは気持ちの上がり下がりが大きく、イケイケのときは天下を取ったかのように調子に乗ります。かわりに、落ち込むときは周りから「明日地球が滅びるのか？」と心配されるほど。面目ないことだらけの男です。

もひかん's DATA

- 生年月日：1974年8月
- 仕事：トラックの運転手
- 役割：（一応）家長
- 趣味：お絵描き、工作
- 特徴：神経質、悲観的に物事を考えがち
- 好き：お笑い芸人、パンティ
- 苦手：仕事

家族紹介

ママ

もひかんによる解説

ぼく（もひかん）の欠点をすべて補える唯一の人。楽天家で、我が家の影の大黒柱。自分から謝るのがすごく嫌い。ぼくがパンクしたときは、ぼくをなぎ倒してまで家の舵をとってくれます。けれども有事のそのときまでは、ずーーーーーーーーーーーーーーーーーーーっとスマホでゲームをしてます。いまはその有事のときなので、寝る間も惜しんで働いてくれています。

ママ's DATA

- 生年月日：1974年12月
- 仕事：パート主婦
- 役割：家族の「裏ボス」的存在
- 趣味：スマホゲーム全般
- 特徴：超楽天家
- 好き：イケメン、土方歳三
- 苦手：ダイエット、うそ

家族紹介

なごみ

もひかんによる解説

優し過ぎて逆に心配になるくらい優しい子です。初めての子育てで、多少過保護に育ててしまったかも……、と少しだけ思っていました。けれども、そんな心配をくつがえしてくれたエピソードがあります。なごみがまだ幼稚園児だったころの話です。ある時期、仲良しグループから仲間外れにされたり、物を隠されて泣いて帰ってくる日々があり、心配していました。卒園式がせまるころ、在園児が贈り物を作って卒園児に渡すイベントがありました。そのとき、「なごみが在園児から取り合いになって困った」と先生から聞きました。育て方は間違っていなかった——と、ほっと安心したのを覚えています。

なごみ's DATA

- 生年月日：2006年4月
- 仕事：小学生4年生
- 役割：我が家の理性
- 趣味：人形遊び、お絵描き
- 特徴：心配になるくらい優しい
- 好き：シルバニアファミリー
- 苦手：あらそいごと

家族紹介

かずとよ

もひかんによる解説

ザ・末っ子。名前は吉本新喜劇座長の小籔千豊（こやぶ　かずとよ）さんにあやかって付けました。頭が良くて、めちゃめちゃ家族想いで、大成する――そんな小籔さんにあやかりたく、また出産予定日が小籔さんの誕生日だったので、ご本人に直接お願いして頂戴しました。その名前に負けないようなものすごい家族想いの子に育っています。また、親の影響からかゲームが恐ろしくうまいです。

かずとよ's DATA

- 生年月日：2010年9月
- 仕事：幼稚園年長組
- 役割：暴走機関車
- 趣味：お金を数える（紙のお金）
- 特徴：神がかり的なムードメーカー
- 好き：昆虫
- 苦手：有毒な昆虫

家族紹介

ばあば

もひかんによる解説

ぼくの母です。現在、我が家（マンション）の玄関の扉ひとつ隔てた向かいの部屋に住んでいます。家族会議はもちろん、ご飯、洗濯、孫の世話など手伝ってくれており、ほぼ同居中といっても過言ではありません。持病が悪化したのをきっかけに昨年の３月から同居を始めました。過度な神経質とも取れるほどの気遣いの人です。それに関するぼくが小さいころの思い出をひとつご紹介します。商店街の八百屋さんで買い物をした帰り、母は必ず買い物カゴを隠して帰るのです。理由を聞いたら「途中で通る小さな八百屋さんに悪いから」——と。知り合いがやっていたわけでもない、小さな八百屋さんにすら気を遣って生きてきたのかと感動しました。その心遣い見習いたいです。

ばあば's DATA

- 生年月日：1950年1月
- 仕事：隠居
- 役割：人生の教科書
- 趣味：古墳巡り、山登り、ヨガ、旅行、俳句など
- 特徴：涙もろい
- 好き：日本史、古墳
- 苦手：まがったこと

もひかん家の家族会議

3月

大珍事!!
「ちょろっとちんちん」事件勃発!!

3月度家族会ぎ　書記　なごみ

3月もくひょう　　　　　　　　　　けっか

・パパ→前を見てうんてん　△
・ママ→守れるもくひょうを考える　×
・なごみ→料理をひとつおぼえる　○
・かずとよ→ちょろっとちんちんをやめる　あきた
・ばあば→けんこう　△

4月もくひょう

・パパ→前を見てうんてん
・ママ→新しい先生と上手くやる
・なごみ→
・かずとよ→女おちゃんのパンツを見ない
・ばあば→はかめぐり

ぎ題

・ママはなぜもくひょうを守れないのか?
→どうやらママはいそがしいらしいので家事ぶんたんモンスターに命をかけないでもらいたい
地しんかさいがいの時の集合場所
→小学校

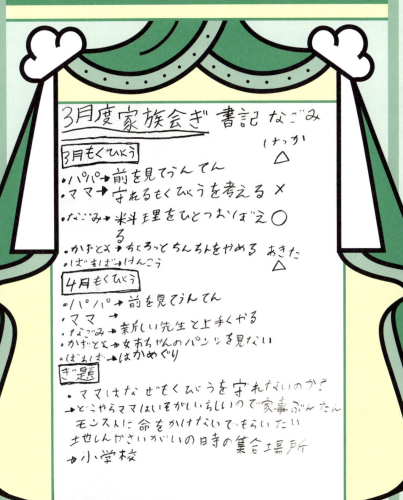

登場人物
もひかん
ママ
なごみ
かずとよ

もひかん家の家族会議「大珍事!!」の3月

「ママ、いきなり最大のピンチを迎える」

※少し夜遅めの時間帯からの開催に――。
ばあばは寝ていたため欠席です。

はい集合！　会議を始めまーす。

はーい。

なごみほんなら、先月決めたみんなの目標を言うてってあげてください。

はい。３月の目標。パパは「前を見て運転」。

はい、できました。
ちゃんと前を見て運転しました。

ママは**「守れる目標を考える」。**考えた？

まだ。

おいー。

（笑）

この１カ月で31日あったやん（笑）。
いままでの目標は？　何があったっけ？

「生協の注文を忘れない」――とか。

「生協の注文」、忘れた。
ほんで「要らない服捨てる」という目標もあった。
結局、1着も捨てなかった――。

だってもったいないもん（笑）。

何もできてない（笑）。だから、今月は守れる目標考えてくださいって言いました。
目標は？　いま考えて。

やせる。

やせないやろう。

（爆笑）

ほんならママの目標については、今月の議題にしましょう。なごみは？

「料理をひとつ覚える」。できた。

ゆでたまご作ったよな？　おいしかったねえ。
かずとよ食べた？

食べた。おいしかった。

な、おいしかったよなあ。じゃあマル。
目標達成ですね。

衝撃の「ちょろっとちんちん」

かずとよ。
「ちょろっとちんちん」をやめる。

やめた。

やめたん？　飽きたんやろ？

飽きた。

(笑)。じゃ、飽きたということで。
まあマルですね。

ばあば、「健康」。

ばあばは今月１回、体調がしんどなったなあ……。

三角？

三角やな。いろんなこと考えたら、ばあばは血圧が上がって倒れてしまう。だから、引き続き健康でおってほしいので、みんな、ばあばのことを気遣って面倒見てあげてください。
……わかりましたか？

はい。

ばあばの来月の目標はメモで預かっとんで。
えーと、……**「墓巡り」**です。

（笑）

ばあばも古墳（墓）好きやなー！

なぜいつも運転＝「△」なのか

じゃあみんなの４月の目標を決めましょう。
パパは引き続き前を見て運転しますね。（事故から１年が経つ）今年の９月まではこの目標でいきます。結果をマルにして、また「あ、俺は運転うまいなあ」と思ったら、次また事故するから、三角でとめておきます。

なら今回も三角？

そう。今回も三角。はい。じゃあママの目標は後回しで。なごみはどうする？

４月からの「新しい先生と仲良くする」。

どんな先生かわかってんの？

わからん。でも絶対この先生だけは嫌って先生は○○先生。怒ったらめっちゃ怖いらしいから。

あの先生怖いん？

でも怖い先生のほうがいいで。

登場人物
もひかん
ママ
なごみ
かずとよ

学校の別のクラスの友達が「怒ったら机蹴り倒すで」って言ってた。

ママの当時通ってた学校の先生なんて3階から机投げたで。**『従うか戦うか』**って大きく書かれた張り紙が教室に貼られてたわ。

怖っ（笑）。でも昔の先生ってそんな人ばっかりやで。怖い先生のほうが記憶に残んねん。そんで、最後泣いてくれんねん、卒業式んとき。

かずとよ「なごみのパンツを見ない」

まあ、次の先生がどんな先生であれ、うまくやってください。ほんだら、かずとよ。目標どうしようか？

「なごみのパンツを見ない」。

見るんか、おまえ（笑）。

いつ見てんの？

スカートにラーメンこぼして、ぬれたのを拭いてるときとか——。

ただの変態やん。

（笑）

ほんなら目標出そろったな、ママ以外は（笑）。

なぜママは目標を考えられないのか？

次は、今月の議題です。ママの目標をみんなで考えましょう。まず「何でママは目標を考えられないのか」を考えてみようか。何で考えられないと思う？

忙しいから。

……忙しいん？（笑）

（笑）

仕事もあるし。

うん。確かにな。今日もあまり寝んと仕事してるもんな。確かに、忙しいな。仕事して、家事もして……。

イコール頑張ってるねんなー。

確かにな。

（笑）

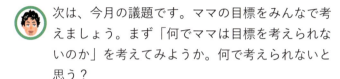

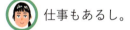

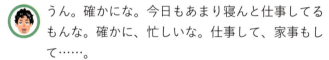

ママは○○に命を懸けないこと

ほんなら、ママが目標をなかなか考えられないのは、忙し過ぎて時間が取れないからやな。じゃあそれを考えられるようにしてあげよう。時間を作れるように、みんなが少しずつママのお手伝いをするっていうことで。

うん。

布団もママが全部ひく。洗濯もんも料理もしてくれてる。かずとよの幼稚園のお迎えも全部ママがしとるわけや。自治会も、PTAもな。だからちょっとずつみんなでお手伝いして、ママの時間を作ってあげよう。それでママは、**できた時間を全部モンスト（携帯アプリゲームの「モンスターストライク」）に使わないこと！**

(笑)

ママが時間ないのはわかる。確かに忙しい。
よう頑張ってくれてるけど、**寝る前に２～３時間モンストしてはんねんから。**

(笑)

くー。

じゃあみんな、ママのお手伝いをしてあげてください。

はい！

どうしても（モンストの）ランクを上げたくなるねんなぁ。

（笑）。ママはモンストに命まで懸けないで決まり。もういま、何かすでにモンストのこと言うたもんな、ぺろっと。

（笑）

もしも地震があったときは……

議題としてもう１個。昨日、地震あったやろ。

かずとよがちょうどトイレでうんちしてて、携帯（の警告音）が「ウィーオ！」って急に鳴ったから、飛んで出てきてママの足にぐあーってしがみついて泣いてた（笑）。

だって、足がぶるぶるしてんねんもん。

みんな**「ちゃんとうんこふいたんか、ちゃんとうんこふいたんかー！」**言うて叫んでたで（笑）。

（笑）

（笑）。でも、昨日はたまたま３人一緒におったからいいけど、幼稚園とか学校に行ってたり、夜勤

登場人物

もひかん

ママ

なごみ

かずとよ

でママがおらへんとか、そんなときもっと大きい地震が来たらどうするんよ。1人だともっと怖いやろ。

うん。

しかも団地がつぶれて壊れたり、学校が火事になったりしたときに、みんなばらばらで電話がつながらんかったら、会われへんくなるやんか。

うん。

だから、万が一のときのための我が家の集合場所を決めときたいねん。携帯も通じなくなるかもしれへんしな。場所どこがええ？ 「絶対ここに集合な」っていう場所。

小学校かな。

そうやな。幼稚園も近いしな。建物自体も、この前頑丈にするための工事してたし。我が家の集合場所は小学校にしようか。パパが仕事中に地震が起きて帰られんくなっても、何とかして小学校に行くから。そこに行ったら3人がおる思て行くからな。ばあばにも言うとくわ。

かずとよ、わかった？　小学校やで。

うん。

幼稚園の先生が、ここにおりなさいって言うたらおってほしいんやけど、誰もお迎えが来うへんかったら、小学校に行ったら姉ちゃんも絶対おるからな。

うん。

ママも絶対迎えに来るから。今日こうやって地震のこと話したやろ。それ思い出して小学校に集合しような。

うん。

OK。ほんなら万が一のときの場所は小学校ということで。今月は以上です。じゃあ４月もみんなで頑張りましょうー。

はい！

はい。じゃあおやすみー。

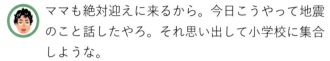

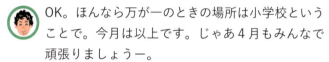

3月2日

（ツイッターで）生協さんに
フォローされたのは
すごくうれしいのですが、
嫁さんもフォローして
いただけたら助かります。
できることなら
**『米と牛乳以外に
必要なものは
ないのか？』**
とプレッシャーを
与え続けてやってください。

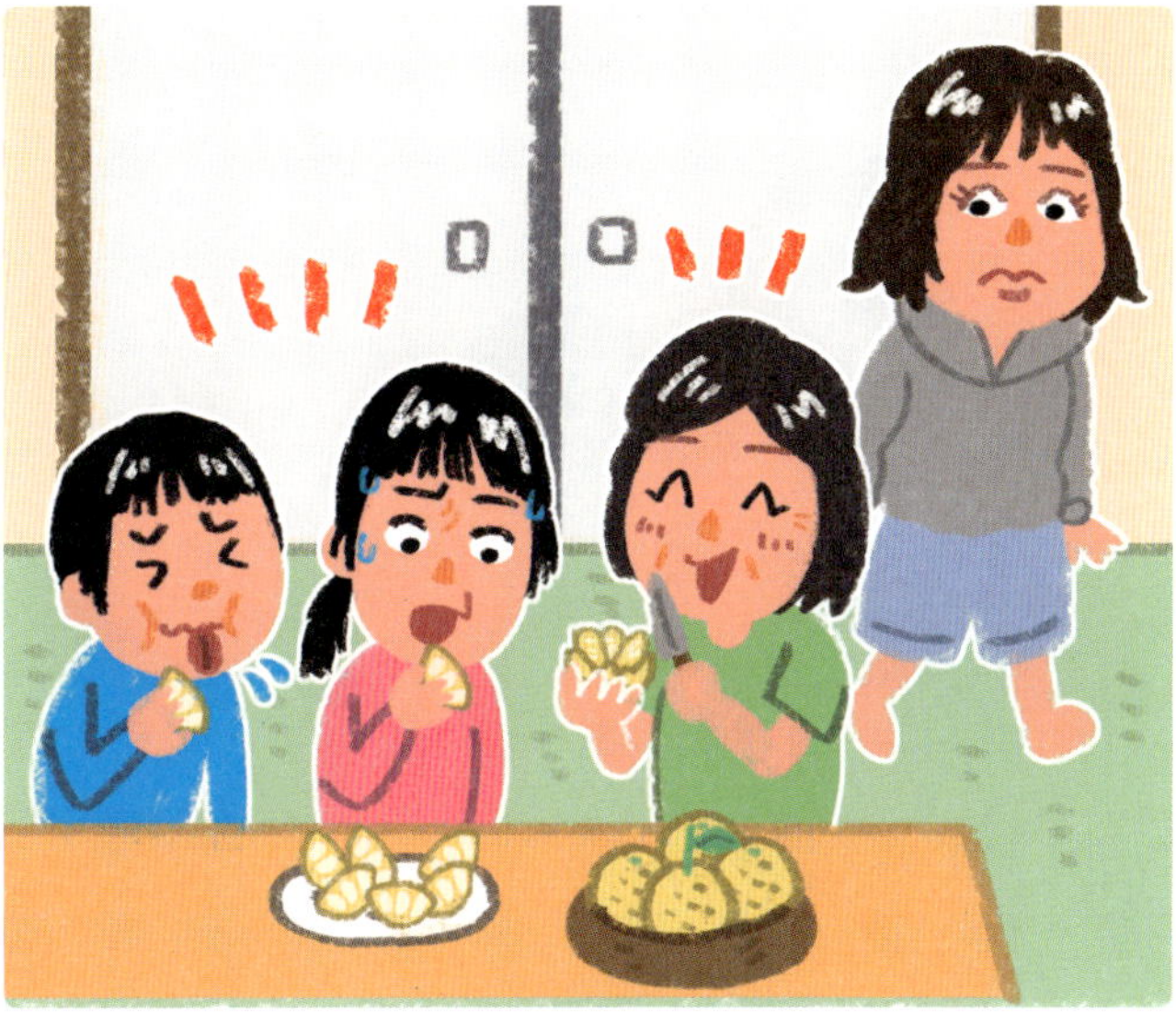

3月4日

ばあばがみかん（日向《ひゅうが》夏《なつ》）を
むいてくれる。
田舎の宮崎県から妹さんが
送ってくれたものを
うれしそうに食べている。
すっぱいものが苦手な、
なごみとかずとよが、
それを見て
ちょっぴり無理して食べる。
ばあばが悲しまないように。
嫁は1㎜も食べない。

3月7日

なごみの今月の目標
（料理をひとつ覚える）の
内容をこっそり聞く。
作るのは「ゆでたまご」に
なるっぽい。
鍋を火にかけるのは
難しいぞ！
ママもいつも言ってる。
「たかがボンカレー、
されどボンカレー」

3月9日

（かずとよの3月の目標にあった）
「ちょろっとちんちん」は、
どうやらぼくのせい。
一刻も早くやめさせなければ
いけない最優先の課題だったが、
よくよく思い返せば、
**そういえばお風呂に入る
前に息子にやって
笑わせた記憶がある。**
40歳を過ぎて
ちんちんを笑いの武器にした
自分が恥ずかしい。
めちゃくちゃ反省。

3月10日

子どもらが生まれてから、土日祝日、
お盆正月を休めない仕事でした。
今度から日曜定休に変わることに
子どもらがうれしそう。だよな。
キャッチボールも
USJへ連れていくのも、
何ひとつ約束を守れていなかった。
今日、9年分溜まりに溜まった
「いつかやろうな」「いつか行こうな」に、
優先順位を付けていきました。
でも子どもらが一番最初の日曜日に
やってほしいと言ったことは、
昨日もやった

「一緒にお風呂に入る」でした。

3月14日

なごみに突如やってきた
『イメージカラーブーム』。
娘「かずとよのイメージカラーは白」
父「なんで？」
娘「幼稚園の制服が白いから」
父「ママは？」
娘「ねずみ色。いっつもおんなじ
　パーカー着てるから」
父「イメージカラーというか
　服の色やんけ。パパは？」
娘「土色」
父「なんで？」
娘「浅黒いから」
……せめて服着せてくれや。

3月20日

子どもらと
スーパーボールを
作りました。
かずとよは
このスーパーボールに
『じいしき
らいじんぐ』
と名付けました。
なぜ自意識!?

3月22日

せっかく作った
スーパーボールを
お風呂に持って
入るもんだから、
排水口から流れてった。
かずとよの
「自意識があああ！
うわーん」
が団地中に
響き渡りました。

3月26日

なごみとばあばの部屋へ
「生きてるかチェック」。
ちゃんと帰って来ていてひと安心。
このあたりの古墳を
調べまくっていたそうな。
来月の目標は
「墓巡り」にするそうだけど、
せめてどこに行くかだけは
伝えてほしい。
あと、**夜中に**
古墳を探し回るのは
恐ろしい。

3月27日

子どもらが初めて
ママとの馴《な》れ初《そ》めを聞いてきた。
「パパが働いてた
エアガン屋さんに
毎週BB弾を買いに
来ていたのがママだよ。
M60E4で1回の
サバゲ（サバイバルゲーム）に
4000発バラ撒《ま》いていたんだよ。
エコロジー弾で
地球に優しかったよ」
と正直に教えました。
たぶん半分も伝わってないなあ。

3月28日

なごみがゆでたまごを
作ってくれました。
ママの
「そんなん料理とちゃうわ」
という問題発言で
緊急会議になりましたが、
週2で食卓に並ぶ
ボンカレーと
まったく同じ調理法
という事実から、
目標は達成ということに
なりました。

3月30日

子どもらに
グーグルマップの
ストリートビューの
使い方を教えたら、
大阪から
姫路まで歩いた。
すごい！

3月6日

あべのハルカスまで来て足の匂い嗅ぎたがるマン。

3月9日

もひかん作「ちょろっとちんちん」の図。

3月11日

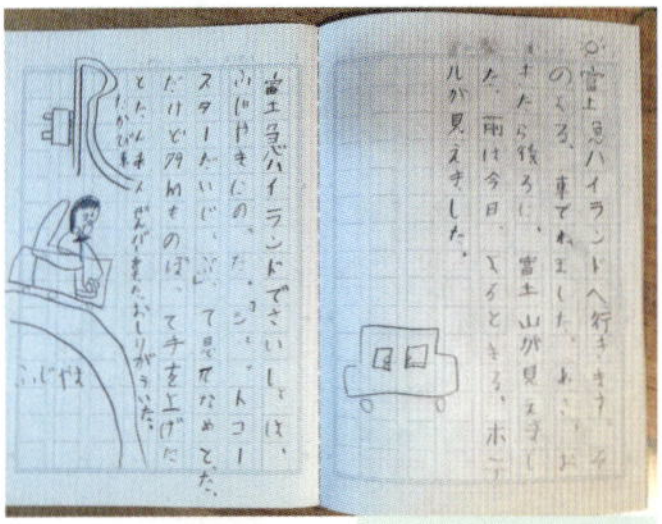

3日坊主で終わってしまった「なごみの日記」。

3月13日

「身の丈1号」（16年落ち、走行距離14万kmの軽自動車）、廃車の日。なごみと2人で解体屋まで最後のドライブ。

3月13日

なごみが「『身の丈1号』の思い出に何かひとつ部品が欲しい」というので、スペアキーでペンダントを作りました。

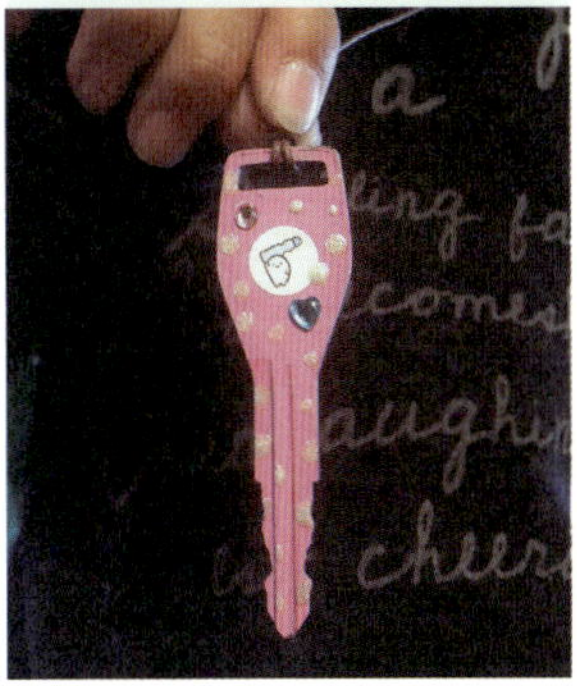

3月15日

※ここは かずとよ の みせだ。
なにを かうかね？
おもちゃ の つるぎ 100G
▷たべかけ の かぷりこ 300G
ぱぱ の くるま 500G

3月20日

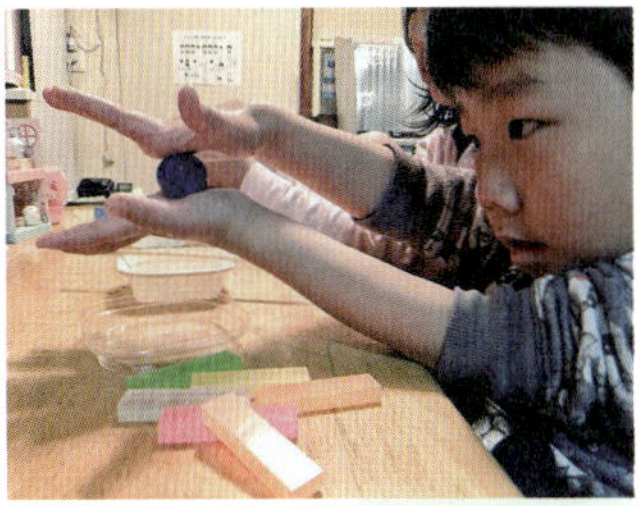

『じいしきらいじんぐ』（かずとよ作・命名のスーパーボール）作成風景。

3月30日

グーグルマップのストリートビューで大阪から姫路までの経路を検索中。

もひかん家の家族会議「大珍事!!」の3月 **総括**

いらっしゃいませ、ばあば！ これからどうぞよろしく！

ばあばの引っ越し作業がようやく落ち着きました。

10月に救急車で運ばれたときには、いろいろと覚悟したけれど、これからは遠慮することなく一緒に暮らしてもらいたいです。

世間で見聞きする嫁姑《よめしゅうとめ》のいざこざも、同居が始まれば他人ごとではなくなるかもしれません。

でも生きて一緒に暮らしてくれているなら、全部OK！　それも楽しもうと思います！

それと、同居を快諾してくれたママには感謝しかありません。

今月は、ぼくとママの仕事の勤務時間が重なるなど、家族に大きな負担がのしかかってしまった月でもありました。

会議の議題で決まった「家事の分担」は、今月だけでなく、これから先もずっと変わらない我が家の決め事にしたいです。

ママが笑ってくれているうちに……、一刻も早く自発的な行動として定着させねば……！（笑）

もひかん家の家族会議

4 月

犯人はこの中にいる!!
「トイレットペーパー」大捜査!!

4月度家族会ぎ　書記 なごみ

4月もくひょう

・パパ→前を見てうんてん　けっか △
・ママ→
・なごみ→新しい先生と上手くやる　○
・かずとよ→姉ちゃんのパンツを見ない　あきた
・ばあば→はかめぐり　○

5月もくひょう

・パパ→前を見てうんてん
・ママ→まじやせる
・なごみ→トマトのどぅるも食べる(できればくま本のやつ)
・かずとよ→竹馬にのれるようになる
・ばあば→いのししに勝つ

ぎ題

・トイレットペーパーすぐなくなる問題
パパ5M50cm、ママ65cm、なごみ100cm、かずとよ55cm
→げりうんちへらす。

もひかん家の家族会議「犯人はこの中にいる!!」の４月

「誰や！ トイレットペーパー使いまくっとんのは!?」

※ばあばは「友人と金沢旅行」のため欠席です。

 ４月度、家族会議を始めまーす。

 はい。じゃあまず、先月決めた４月の目標から言うてってください。

 ４月の目標、パパ、「前見て運転」。

 はい、できました。
ママ、先月は目標の欄が空白でしたね。

 うん。

 なごみの目標は「新しい先生とうまくやる」。
やれてます！

 よし、ええね！

 かずとよは「姉ちゃんのパンツを見ない」。

 どう？

 見いひんかったなあ。

 １回も？

うん。飽きた。

姉ちゃんのパンツはもうおもろない？

うん、おもろない（笑）。

（笑）。じゃあマルやな。

ばあば、「墓巡り」。

お墓（古墳）は自転車でいっぱい回ったんやて。
偉いな。

マル。

うん。ばあばもマルです。
じゃあ、5月の目標を考えましょう。

「映画を観に行く」は目標!?

パパは、前を見て運転です。頑張ります。
ママはどうする？　目標考えた？

うん。

おっ、考えたん？

「子どもらと映画を観に行く」。

登場人物
もひかん
ママ
なごみ
かずとよ

そんなん行ったやん、昨日。
もう目標達成してるやん！

5月度の映画を、**やで。**

月1回映画観に行くって、それは
もうお楽しみやん、目標やなくて。

（笑）

あかんわ、そんなん（笑）。

じゃあそろそろ夏やし「やせる」やな。

そうやなあ、買ってたTシャツが着られるように。
ちょっとやせようか。

うん、まじやせるで。

みんなの前で体重計乗ってみる？　で、次の会議のときに1キロでもやせとったらマルにするとか。

嫌やて（笑）。

議事録に体重書いたらええやん。もうみんなにも見てもらおうや。そしたらちょっと本気出るかもしれんやん。

家族にだけやったらいいけど。そんなんツイッターにあげるのに、体重書いてどないすんねん！
芸能人でもそこは、柔らかくいくで。

（笑）

なごみ「トマトのどぅる」問題

じゃ、次なごみの目標いく？

うん。「トマトのどぅるもしっかり食べる」。

「どぅる」って何やねん。

（笑）

あ、トマトってもしかして汁あるから、それが「どぅる」なん？　あの、トマト割ったところの中身が嫌いなん？

うん、それが「どぅる」や。

「どぅる」て（笑）。普通のトマトはもう食べれるん？　まあ、それも含めて全部食べれるようにしよか。じゃあ、熊本で地震あったからな、熊本のトマト買ってきて食べようか。熊本のトマトはめちゃおいしいねんで！
で、かずとよは目標どうする？

「竹馬乗れるようになる」。

もう幼稚園は竹馬やで、ずっと。竹馬の練習の時間ばっかり。

じゃあ、頑張って乗れるようにしようか。
約束な。頑張ろな。

うん！

ばあばから目標預かってんで。
えーと……**「イノシシに勝つ」！**

（笑）

最近登山ようしとるからな。イノシシ出るらしいから、ほんま気を付けてほしい。

議題でまさかの大紛糾！

あとみんなで話しとかないかんこと何かなかったかな？

あるよ。トイレットペーパーなくなるのがめちゃめちゃ早い。1日1ロール！

そんなに!?　誰が一番使ってるんやろうな？

パパやで（笑）。パパのトイレんときのトイレットペーパーを引き出す音めちゃめちゃ長いもん。**「ドゥルー」って回転音ずっと鳴ってるもん。**

エーッ！　よしわかった、みんなが普段どれくらいトイレットペーパーを使ってるか測ろう。トイレ行こ！

――各人トイレに移動。

紙使いまくりの犯人は誰だ！

よし、まずはかずとよ、いつもどのぐらい紙使うかやってみて。
…………えっ！　ほんま？　こんなもん!?

うん、かずとよはいつもこんなやで。

これ１回でお尻拭くの終わる？

終わるで。

うん。

すごいな。じゃあ次、なごみ。
…………長いやん、これかずとよの倍やん。

（笑）

でも、あれやろ。この半分くらいのときがあんねやろ。

うん。

私はこのくらいや。

うそつけ（笑）。それ１枚で足りる？

うん。

登場人物
もひかん
ママ
なごみ
かずとよ

うんこのときは？

うんこはこれ２回分。

そんな……、ほんまかあ？

パパは？

パパは——……。

……（笑）。

ほらあ（笑）。

犯人はパパだー（笑）。

ほらそうやん！　やっぱパパやーん！

これぐらい紙を出して２回拭いて。
ほんでこうして見て。で、最後に……。

え、**まだ拭くん？**

最後にあと１回確認して、それで肛門がキレイかどうかが大事やから。

だんとつでパパや（笑）。
１回ぶんの長さすご過ぎるやろ。

100メーターぐらいあると思う（笑）。

パパやな、トイレットペーパー使いまくりの犯人は完全にパパだわ……。パパ……１回でこんな使ってたん？

そうやで、こんな使ってたんで（笑）。

めっちゃ長いやん！　こりゃあかんわ。

（笑）

まさかの犯人はパパ！

ごめん、一番紙使ってるのパパやった……。
でもな、下痢が多いねん、パパは。
まずは下痢うんち減らすわ。

どうやって減らすねん（笑）。

野菜を食べるとか？

そうやな。野菜食べてあんまり紙を使わんように気を付けます！　トイレットペーパーの件、すいませんでした……。

（笑）

ほなまあそういうことで。
みなさん、来月もよろしくお願いします！

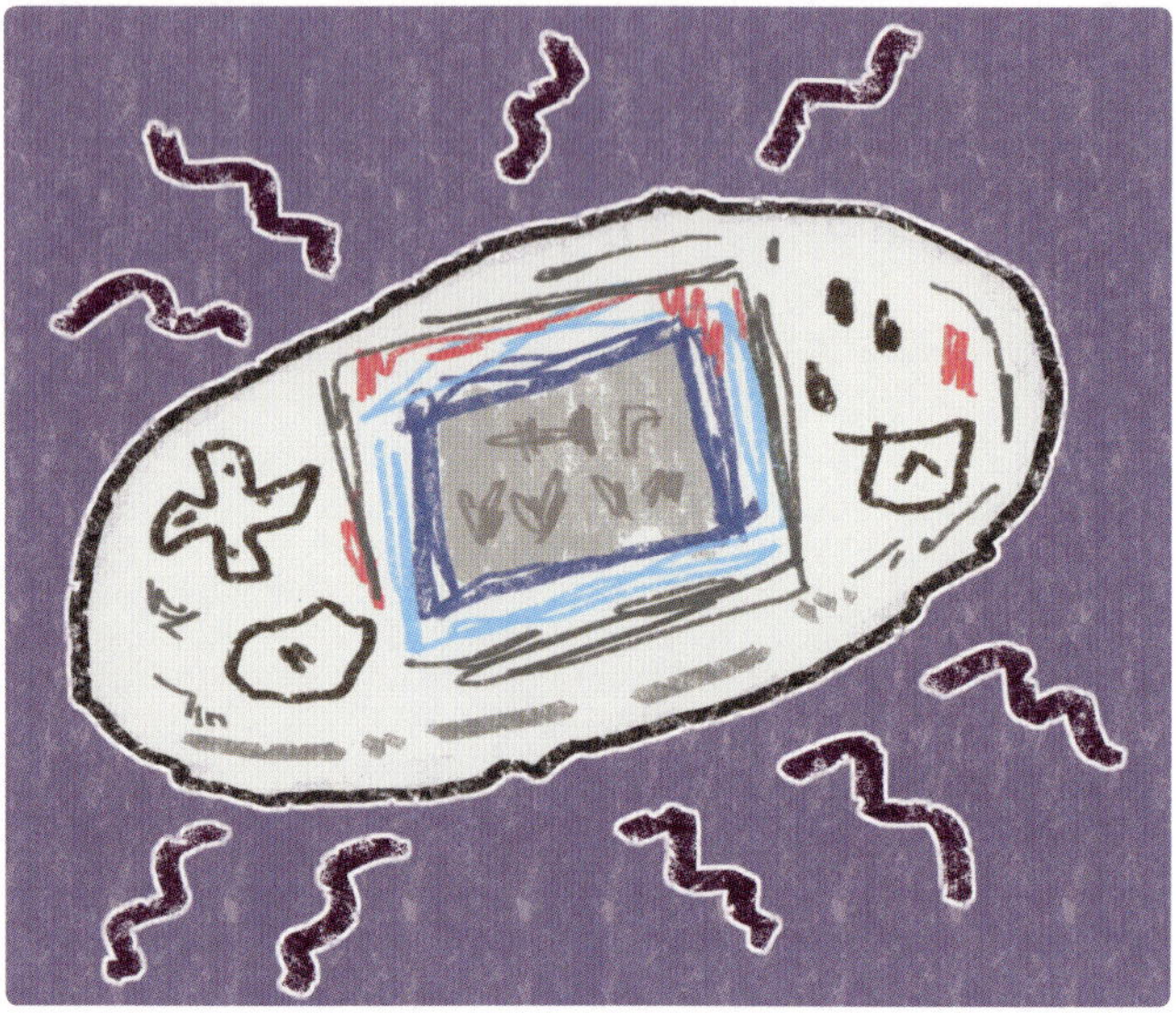

4月6日

かずとよはどうやら
新しいゲーム機が欲しいらしく、
あの手この手でおねだりを
してくるようになった。
最近では「手作りPS Vita」を
さわさわして
〝買ってくれアピール〟を
してくる。
自分も小さいころは
そんなだったなあ。うむむ。
ただ今回は造形から熱量が
伝わらないので出直してきたまえ。
彼の熱意を
しばらく窺うことにしよう。

4月11日

息子の
「手作りPS Vita」
2号機はレゴでした。
彼の想像するVitaには
アンテナが
付いているようです。
いろんなことを受信して
ほしいですね。
ゲームから教わる
大切なことって
たくさんありますから。

4月12日

ばあばからお金を借りた。
事故で会社に借りている
お金の弁済を
一括で行うため。
面倒を見るつもりで
実家を引き上げさせた
はずなのに、
親孝行どころか迷惑を
掛けてしまっている。
情けないなあ……。

4月13日

なごみが1人で
お風呂に入る。
理由は怖くて
聞けない。
ついに
やって来たのかな、
『そのとき』が。

4月15日

今日もなごみが
ばあばに捕まった！（笑）
ばあばの部屋に
用事で行くと、歴史の話で
1時間は
帰ってこれない。
なごみは今日、
クスノキマサシゲと
アシカガタカウジを
覚えた。

4月20日

夜中にママの電話が鳴る。
パート先で急遽、人手が
足りなくなったらしい。
15分後には着替えて
飛び出した。
かずとよが
涙目を
見られないように
マスクをおでこに
ズラしておどけている。

4月23日

最近、
うちのトイレに
妖怪の
「iPhone
足の甲載せ
YouTube見い」
がよく出る。

4月24日

子どもらが作った
くそでかい
すごろくで遊ぶ。
かずとよが
自分で作った
60回休みのマスに
ハマり号泣。
自分で考えたくせに！

4月25日

手作りゲーム機3号機はママのオムレツでした。

いや、おまえも欲しかったんかーい!

かずとよに強力な味方が付きました。

4月27日

ばあば、目標の
「墓巡り」達成。
丸1日掛けて
7つの古墳を
巡ったらしい。
どうか
このまま健康で!

4月28日

荷受けのおっさんの手が
綺麗だったので
仲良くなるきっかけに
「キレイな指してたーんだねえ
知らなーかあたよぉ♪」
て唄ったら、倍のボリュームで
**「こーんなに
ステキなレイディが俺
待っててくれーた
のにぃぃぃぃ♪」**
と唄われて、現場で必要以上に
仲良く見られています。

4月30日

来月登る山に
イノシシが
出没することを
心配したばあばが、
子どもたちを相手に、
朝から傘を使って
戦う練習を
している。

4月3日

お昼ごはんを食べに子どもらを連れて母校の学食へ。

4月6日

かずとよ作、おねだり用「手作りPS Vita」。

4月11日

かずとよ作、おねだり用「手作りPS Vita」2号機（アンテナ付）。

4月20日

「軍艦島に行きたいなあ」とずっと思ってたけど、うちの子ども部屋をモノクロで撮ったら立派な廃墟でした。

4月17日

朝起きてまだ顔も洗っておりませんが、裏山の神様に捧げる生け贄として1日が始まりました。

4月23日

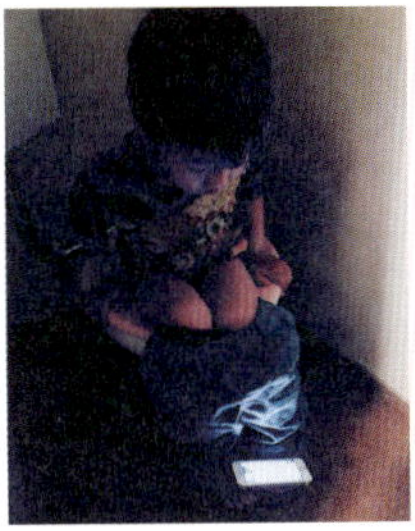

うちのトイレに最近よく出る「妖怪iPhone足の甲載せYouTube見ぃ」実写版。

4月24日

くそでかい「すごろく」を作成中のなごみとかずとよ。

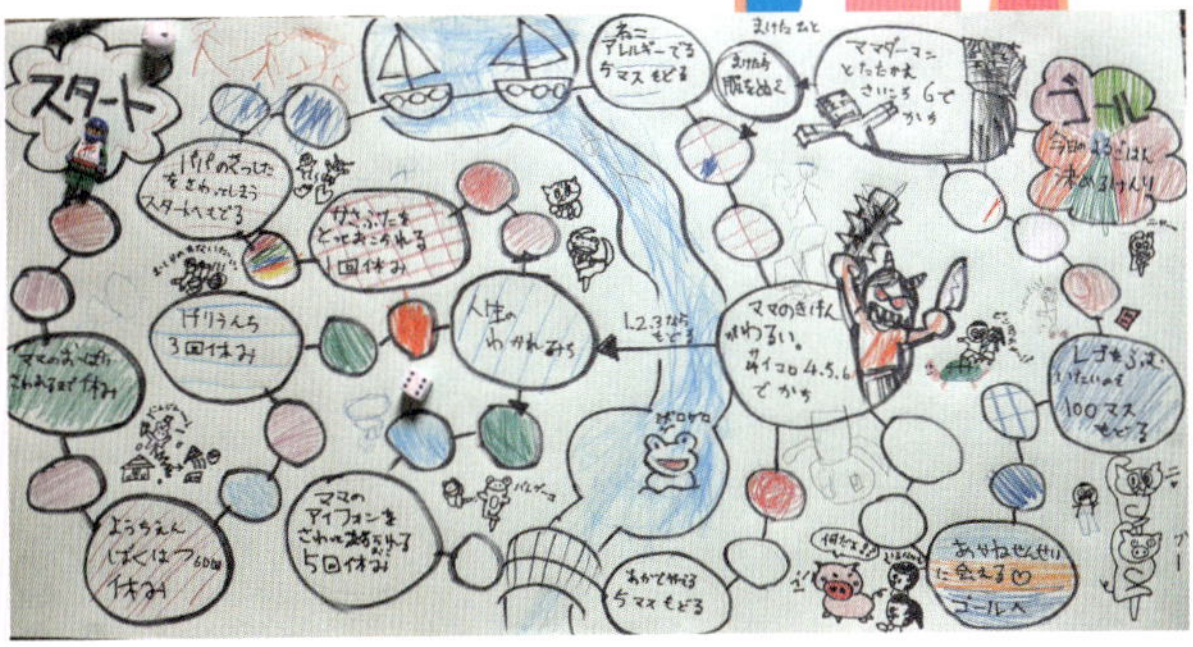

くそでかい「すごろく」、完成!

4月25日

ママ作、おねだり用「手作りPS Vita」3号機。

4月30日

ばあば、イノシシと戦う練習中。

もひかん家の家族会議「犯人はこの中にいる!!」の4月

総括

あたり前の生活があたり前にある幸せを家族で共有した月

14日に熊本地震が起きました。

連日の報道に、遠く離れた我が家の子どもたちも、田舎を案ずるばあばも、心配のあまり意気消沈ぎみの月でした。温かいお風呂につかり、フカフカのお布団（すみません見栄を張りました、正確には厚さ2㎝弱の腰を痛めやすいお布団）で休める毎日のありがたみを、会議で共有しました。

ばあばも我が家での暮らしが落ち着き、こちらで新しく友人を探すためにいろいろと動き出しました。

古墳巡りや山登りなど、驚くほど活発に行動しています。体調のことを考えると少しゆっくりと動いてもらいたいなあ。

また、なごみ、かずとよ共に進級し、家族全員が慌ただしく、あっという間に過ぎ去った月でした。

目を離した隙にこの子らが大人になってしまうのかな——と、少し寂しくなってきています。

子どもたちが“トマトのどぅる”をまだ苦手ないまこの瞬間……、まばたきすら惜しくなってきています。

もひかん家の家族会議

5 月

魂の決意!!
「トマトのどぅる」も食べる!!

5月度家族会議

書記なごみ

5月もくひょう　　けっか

- パパ→前を見てうんてん　△
- ママ→まじやせる　△
- なごみ→トマトのどぅるも食べる　○
- かずとよ→竹馬にのれるようになる　△
- ばあば→いのししに勝つ　2戦2勝

6月もくひょう

- パパ→前を見てうんてん
- ママ→目に見えてやせる
- なごみ→視力を取りもどせ
- かずとよ→紙のお金をあつめる
- ばあば→死なない

議題

ばあば いつかのための話

→はかはいらない
おもいだしてほしい

いさんはない

もひかん家の家族会議「魂の決意!!」の5月

「今月は みんな大号泣……」

はい、集合！　こんばんは。

こんばんは。

５月度の会議を始めます。今月はばあばが参加できます！　なごみ、５月の目標を読んでください。

はい。パパは「前を見て運転」。

はい、できました。

マル。ママ、**「まじやせる」。**

やせた。

ほんまに？（笑）

うん。減ったもん、ちょっと（笑）。

この前、風邪で熱が出てるときに**下痢でやせたのか（笑）。**だって、食事制限しとんの見てへんもん全然。

（笑）

本人がやせた言うんやからやせたのよ。

（笑）。三角？　マル？

マルや（笑）。

もっとこう、見た目からやせてほしかってんけどな（笑）。

じゃあ、まあ三角？

三角やで（笑）。なごみは？

なごみ、**「トマトのどぅるも食べる」。**

熊本のトマト買いましたけど、どうでしたか？

食べれた。

食べれた！　マルやな。

かずとよ、「竹馬に乗れるようになる」。

２歩だけ歩けた。

前は片足１歩だけやったけど、ぽんぽんと２歩、歩けるようになったもんな。

でも２歩だけしか歩かれへんかったから、三角でいいよ。

登場人物
もひかん
ママ
なごみ
かずとよ
ばあば

（笑）

来月は同じ目標にせんでええから、頑張ってな。

うん！

ばあば vs イノシシの結果は!?

ばあば、**「イノシシに勝つ」。**

日曜、山に行ってきたけど……。

イノシシおらんかった？

イノシシはおらんかったんやけど、１人で山に行ったのが怖かって、**「イノシシが出たら困る」思て急いだんで、ちょっと腰を痛めました。**

（笑）

それと、帰りも急ぎ過ぎて「どすん！」とこけて、さらに腰が痛かってん。

（笑）。ほんなら不戦勝や。２回山行ったから２戦２勝やな、勝ちました！

ママ、“まじで”やせる!?

6月の目標を決めましょう。
パパは、引き続き前を見て運転。ママは？

やせる。

**おんなじのをずーっと
やっとったって、せこいで。**

（笑）

うーん。何やろう。じゃあ「頑張って“まじで”やせる」やな。目に見えるくらいいな。

“まじで”か。いいね。なごみはとりあえず「視力を回復させる」やな。この間の検査でだいぶ落ちて、0.7やろ。もう眼鏡する寸前まできたんやから。パパがこのあいだ教えた、目の体操あるやろ。

それ100回やった。

じゃあこれからも必ずやってな（笑）。
それ、目標にしてください。

硬貨より「紙のお金」がお好き？

はい、じゃあかずとよの目標は？

「紙」のお金を集める。

お札のことな（笑）。

お手伝い頑張って100円玉集めて、それを1000円札に両替すんのが好きやもんな。それが一番うれしいねんな。

紙のお金が好きなんやろ。

（笑）

両替するのが気分いいんやろ？

うん。

ならそれを目標にして、お手伝い頑張ってや。

うん。

はい、ばあばは？

最近まで風邪引いててちょっと調子悪かったんで、体調回復かなあ……。

１カ月ずっと何かしら調子悪かったな。

調子悪かって、まだ何かのどが痛かったり、微熱が出たりしとる。

年や、年。

調整中です。

（笑）。

前までは何か元気やったような気がすんのに、だんだん……。

首が……。

首が回らんくなってきた（笑）。

（笑）

このあとばあばに話してもらう議題にもつながる話やな。

うん。

このあとまさかの展開に……

ほんならこのまま議題にいこうか。ばあばもいつまでも健康じゃないわけやん？　どんどん年取るから。ばあばがこのあと、ひょっとしたら死んじゃうかもしれんから、元気なときに、いろいろ聞いとこうと思うてな。大事なことやと思うから。人間は誰でもいつか死んじゃうねん、絶対に。そんときにばあばが“あわわわ”ってなっとったら話できんやろ（笑）。

登場人物

もひかん

ママ

なごみ

かずとよ

ばあば

（笑）

なら、いま元気やから、いまのうちにいろいろ聞いとこうというのが今日の議題やねんな。

うん。ばあば前１回救急車乗った。

そう、あのときに考えてん。
ああ、もうばあばも若ないねんなと思って。

１回乗ったよな。

怖かったやろ、あんとき。

びっくりした。

みんな心配してくれたもんな。

ばあば、「お墓どうするか」問題

で、まずばあばは、お墓はどうする？

墓はいらんわ。墓があったからいうてな、家から遠かったら管理が大変やから草ぼうぼうやし（笑）。

（笑）。永代《えいたい》供養みたいなところとかもあるで。

でも、墓はもう結構。別に墓が欲しいわけでも何でもなくって。結局誰かがお葬式んときに泣いてくれて、誰かが朝ちょっと手合わせてくれるとか、そんなんで十分なんや。別に墓まで来てごしごし一生懸命磨いてもらわんでも（笑）。ビルの中にあるような簡易なものでええわ。
そこにたまに来てくれて、拝んでくれたらええんやで。毎日水換えてうんぬんでなくて、ときどき思い出してくれて、あ、おばあちゃんおったなというのを思ってくれたらそれでいい。

パパのときもそっちのほうがうれしいわ、ええ墓よりも。

私も。

そうそう。誰も墓なんか要らん。
あと遺産は悲しいくらいないで（泣）。

別にええよ（笑）。って、なごみ何で泣くの（笑）。

だって、ばあばがいなくなるなんて、考えられへんからな？

（泣）

うん、でも話しとかなあかんことやからな。
泣くなー（笑）。

ばあばは「死なない」

だからそういう日が来やんように、ばあばには健康に気を付けてもらって。

そう健康に気を付ける。
だから、ばあばの目標は、「死なない」。

（笑）

頑張ってください。

（笑）

正解、かずとよが正解やな！　なごみはばあばが死ぬこと想像して泣いてんの？（笑）

（笑）。……大丈夫、大丈夫（泣）。

笑ってるのに。笑いながら泣いてる。

まあね、人が死んだら寂しいやなあ（泣）。

寂しいなあ。
……っていや、だから誰も死んでへんて。

（笑）

（笑）（泣）

ばあばまだまだ元気やん。

おばあちゃん前にがんになったからさ。

だからな、風邪とかちょっとした病気でも、もう年なんやからな。

かといって、年、年って言うてるといかんかな思ってな、外へ出たり、電車で出掛けたりしてるけど。でも何か弱ってきような気もするし。

あんまり気ぃ張って頑張ってもらわんと。まあほんまうちに来るきっかけになったあの救急車事件（ばあばが以前１人で住んでいた姫路の実家で倒れた事件）が怖かったからな。

そうそう。あれもな、そのときはもう自分が倒れたから、「（いまの家に）来るか」言うてくれたとき、勢いで「行く」って言うたけど。友達みんなによう言われるんやけどさ。まあそら息子はそう（家に来るかって）言ってくれるけど、嫁さんがよう来てって言うてくれたなあ、いうてな。ほんまええ嫁さんやないうて、みんな言うてくれるわ。

（笑）

同居なんて、嫌なんが普通やろ。私は勢いで「行く」って言うたけど、みんなが良くしてくれて。いやほんま、みんなええ嫁さんやなあいうて、ほんまな、友達みんな言うてくれるで。

いやいやもう（笑）。

何ちゅうんかな、気を遣ってくれてちょうどいい距離でな、おってくれて。

……（泣）。

ねえ、泣いてるの？

あんまりなあ、べたべたしとってもしんどいとこはしんどいやろから、みんなそれぞれ好きなようにしてってって思っとるんやけどな。

（泣）

うん。でも想像したら悲しなる。

だから、それが大事なんや。そうやってな、泣いてくれるって思うのがうれしいねん、おばあちゃん（泣）。

そうやな。

みんなと一緒に暮らす前、ここに遊びに来て実家の姫路に帰るときにな、駅でなごみがいっつも泣いてくれよってんけどな。そういう気持ちがやっぱりうれしいやんな、なごみ（泣）。

（号泣）

かずとよもな。

うん。

……よし。こんなとこですか。

そういうことです。

うんまあ笑って締めよう、ほんま、な。

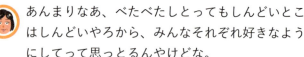

（笑）

うん（笑）。

お墓の件はこれで解決。まあ何かあったときは、もうこれで大丈夫。じゃあ、5月の家族会議、終了！

終了！

お疲れっしたー。

はい、お疲れでしたー（拍手）。

（笑）

泣いて笑った。お疲れお疲れ。
お疲れさーん！

5月1日

家族会議で珍しく
ママから議題があがる。
トイレットペーパーの
減りが猛烈に早いらしい。
そこで、各人が普段使って
いる量を手にとってみた。
測ってみると
ダントツでぼくが
使い込んでいた……。
みんなようそんな量で
足りるなあ……。

5月10日

水に潜るのが苦手なかずとよが、
幼稚園のプール開きに
間に合わせるために、
曲がるストローと風船を使って
独自に潜水装置を考案した。
膨らませた風船から押し出される
空気を少しずつ吸うと、
朝まで潜れる計算らしい。
さっそくお風呂で
スイトンの術を試す。

行ってこい！

……結果はボンベが外れて
潜水時間はたったの**2秒。**

5月17日

「トイレットペーパー
すぐなくなる問題」が
一向に解決しないので、
ついにぼく専用の
ホルダーが設置された。
3カ月で1ロールだと
1回で8㎝しか
使えない計算。

**ホルダー買う金で
トイレットペーパー
買えたやろが！（笑）**

5月21日

子どもらが
最近ハマっている
図鑑作り（製本）。
今日は
『うんちずかん』を
一緒に作った。
うんちの種類を
考える時間は
いつもに増して
楽しく笑いっぱなしの
ひとときでした。

子どもらが考えた「うんち」紹介①

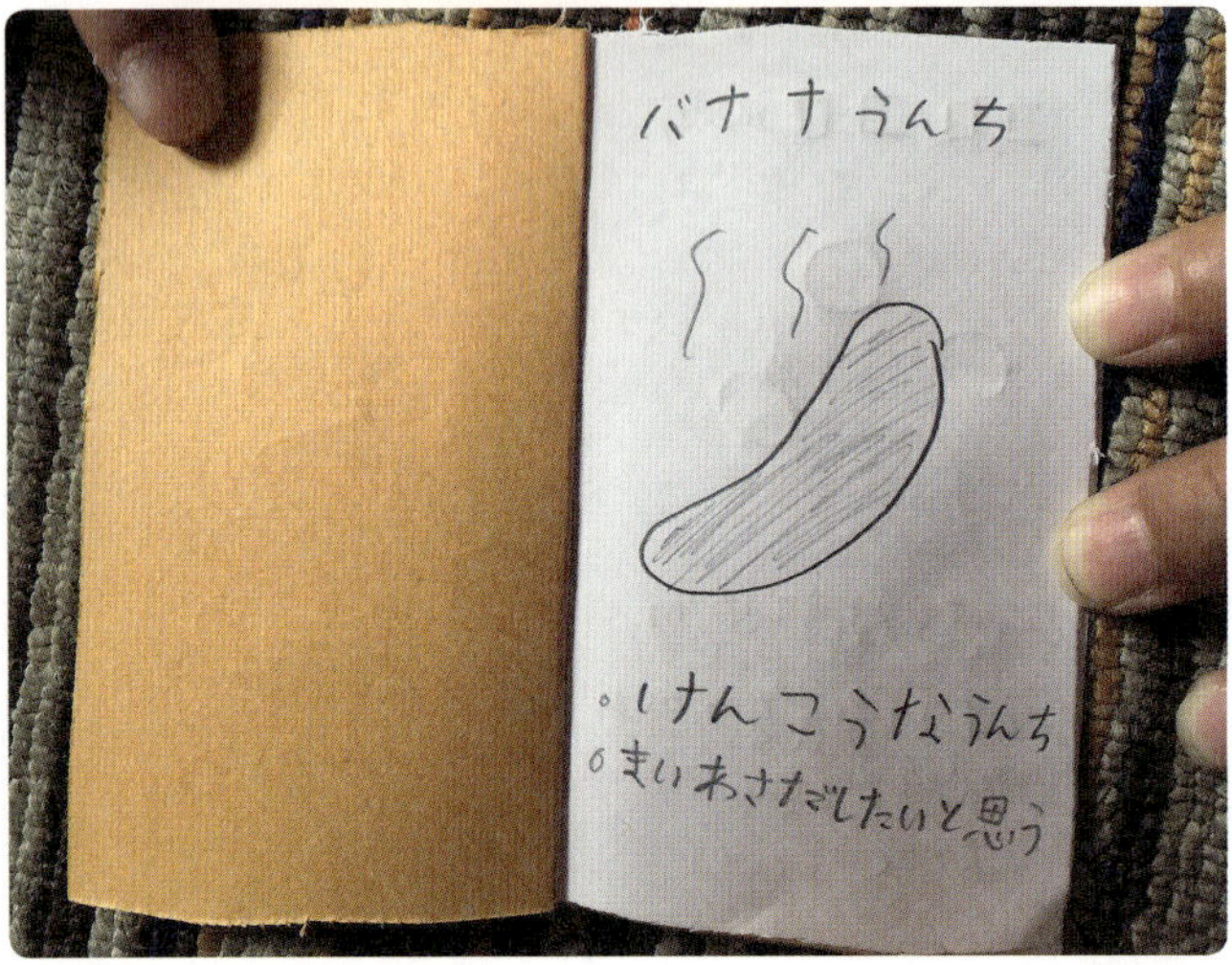

5月21日

「バナナうんち」

- けんこうなうんち
- まいあさだしたいと思う

子どもらが考えた「うんち」紹介②

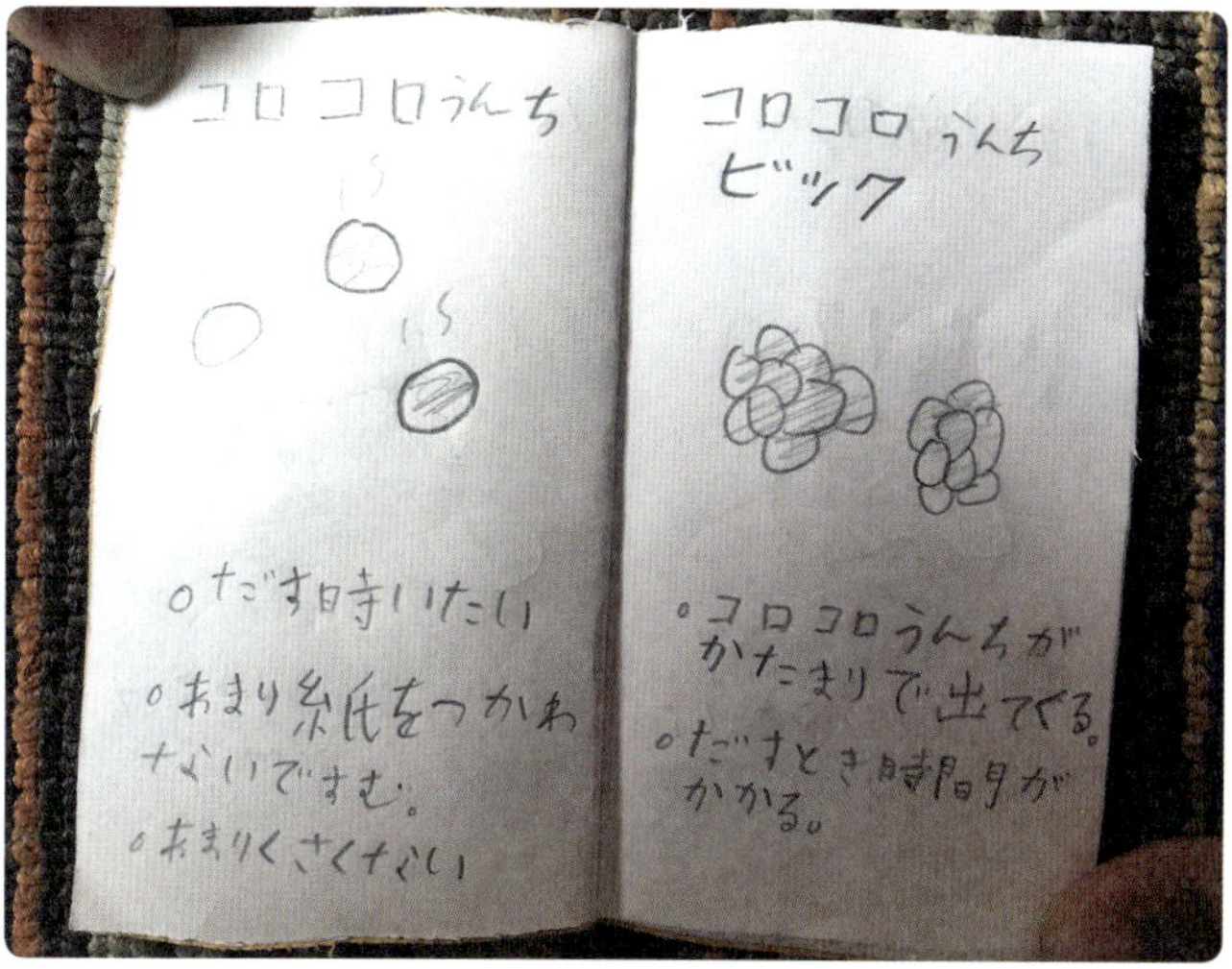

5月21日

「コロコロうんち」
- だす時いたい
- あまり紙をつかわないですむ
- あまりくさくない

「コロコロうんちビック」
- コロコロうんちがかたまりで出てくる
- だすとき時間がかかる

子どもらが考えた「うんち」紹介③

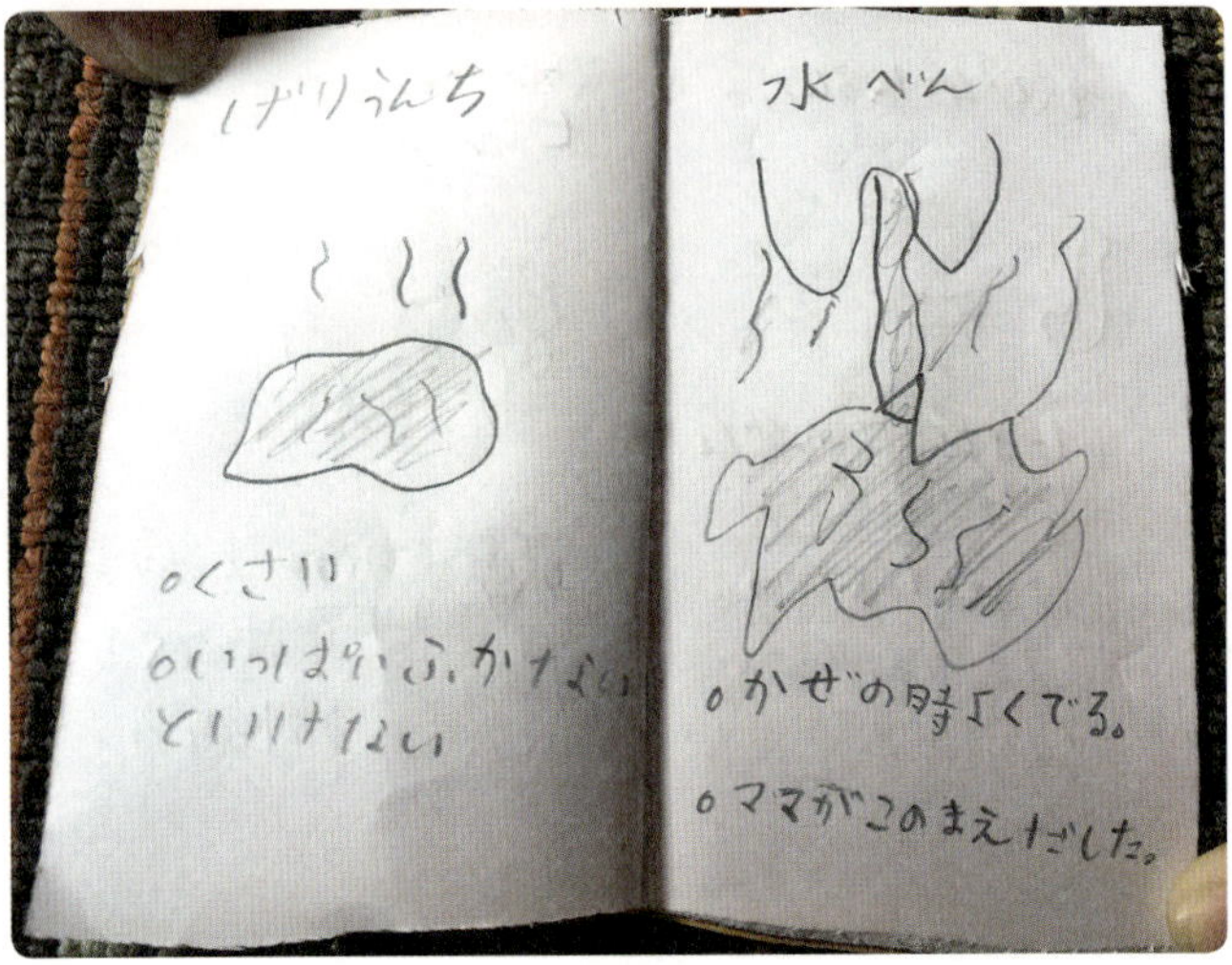

5月21日

「水べん」

- かぜの時よくでる
- ママがこのまえだした

「げりうんち」

- くさい
- いっぱいふかないと
いけない

子どもらが考えた「うんち」紹介④

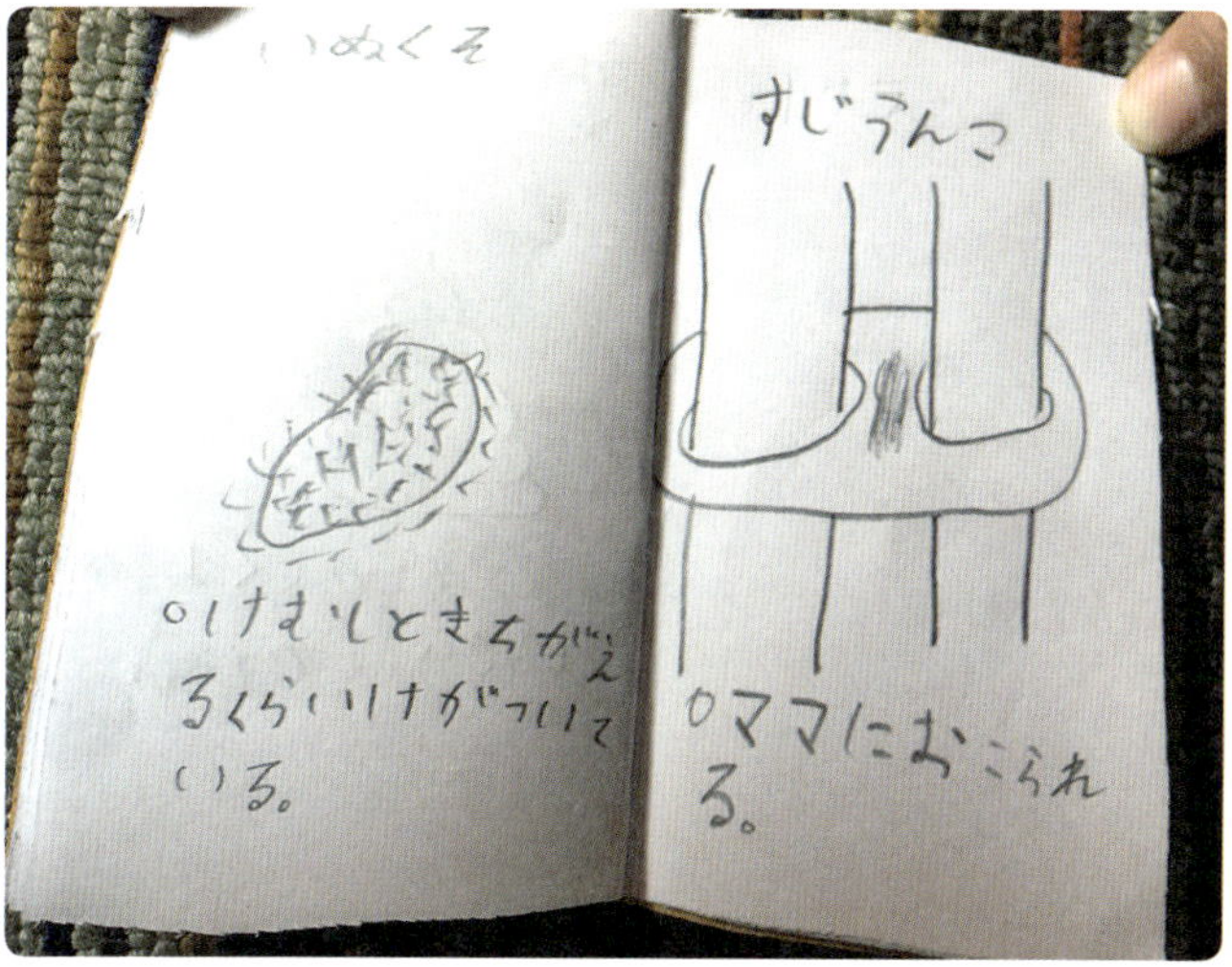

5月21日

「すじうんこ」

●ママにおこられる

「いぬくそ」

●けむしと
まちがえるくらい
けがついている

あとがき

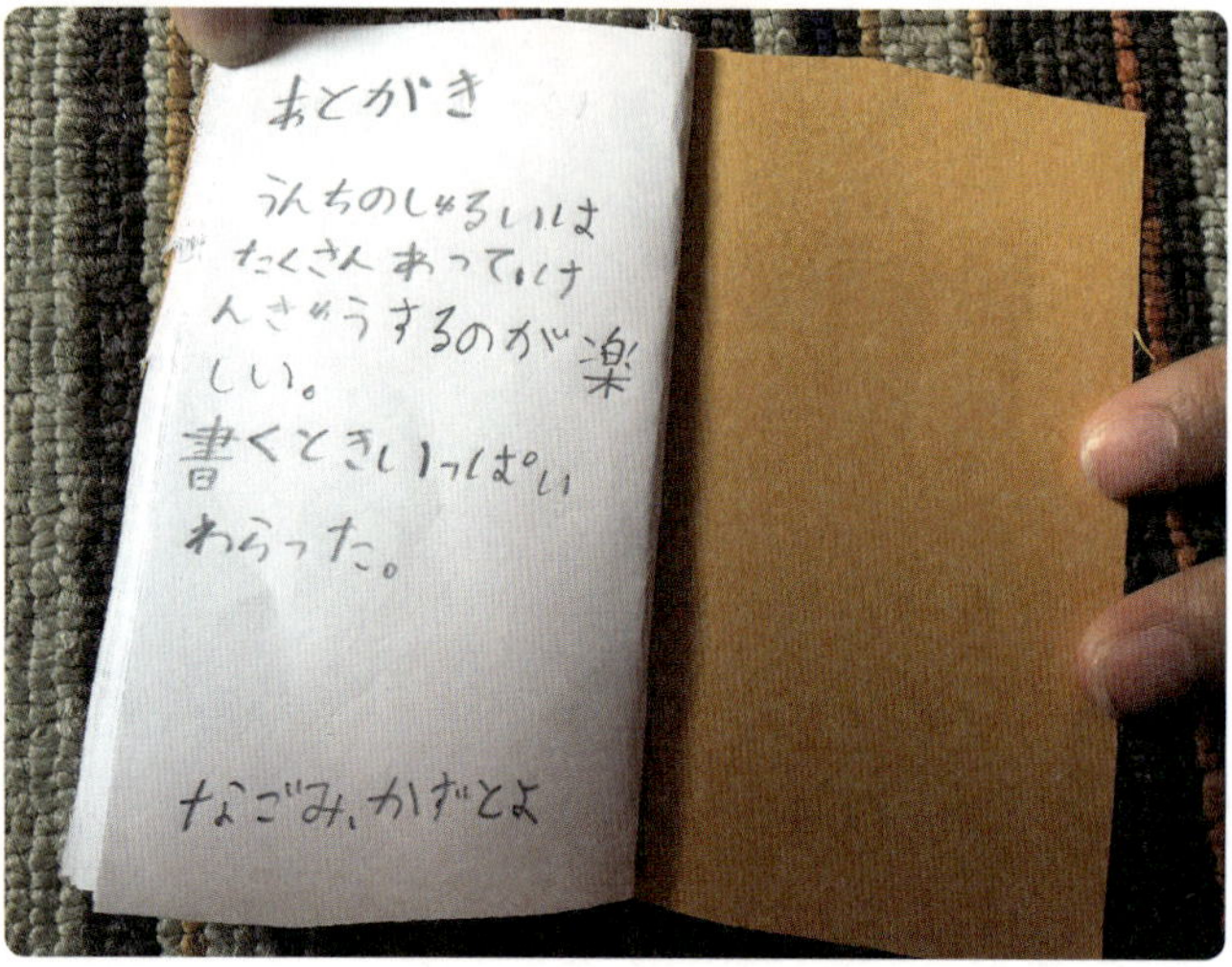

5月21日

うんちのしゅるいは
たくさんあって、
けんきゅうするのが
楽しい。
書くとき
いっぱいわらった。

by なごみ、かずとよ

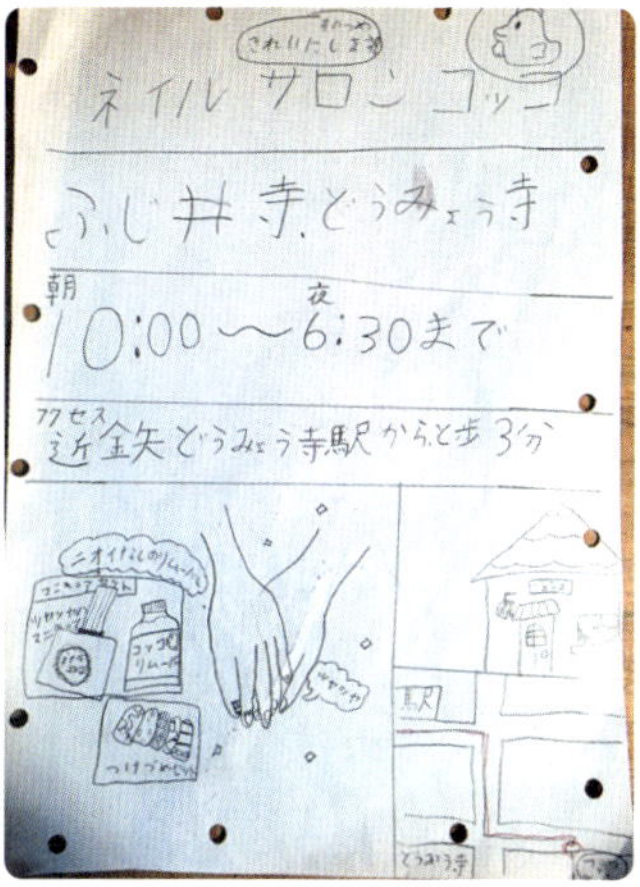

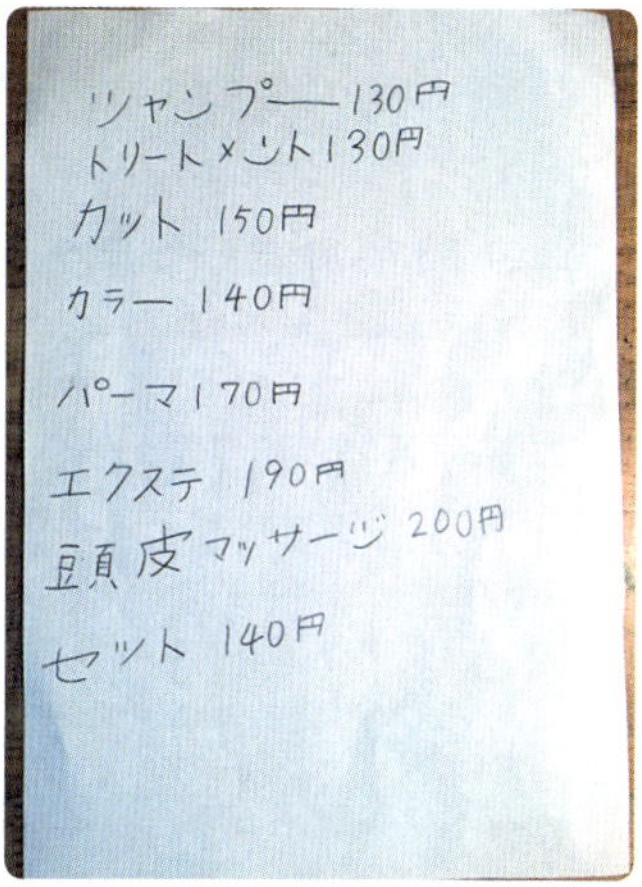

5月27日

なごみが
おみせ屋さんごっこで
作ったチラシ。
すんごい
マイナーな立地。
安っ!
ツャンプー安っ!

5月29日

もう一度
ディズニーランドに
行きたいなあと、
子どもらとYouTubeで
エレクトリカルパレードの
動画を見る。
よし、連れてって
あげられないかわりに
いまから**カズトヨリカル**
パレードをしよう!

5月31日

息子が初めて覚えた漢字は『千円』でした。

5月1日

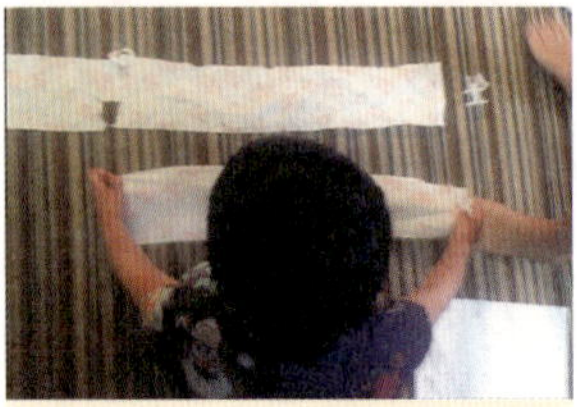

トイレットペーパーの普段の使用量調査。

5月3日

苦手なミニトマトを口に入れては出し、出しては入れをかれこれ20分……。

5月7日

娘がギターを始めました。“ブルーグラスの沼”に突き落とすのはもうちょい先にしよう。

5月10日

息子の計算では明日の幼稚園に行く時間まで潜れるそうです。

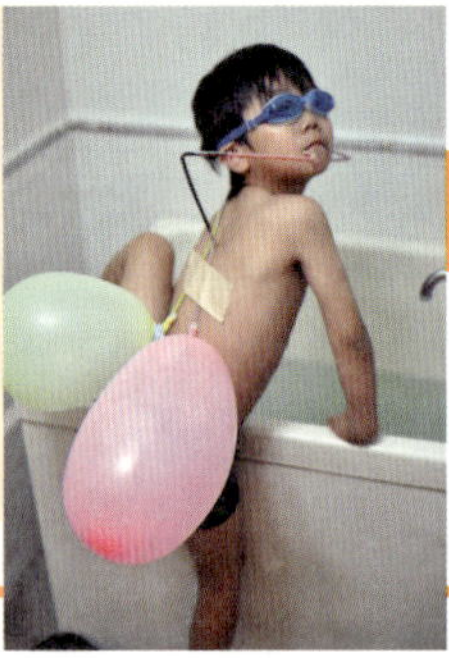

結果、背中のボンベが外れて潜水時間はわずか2秒……。

5月14日

息子がたまたまテレビに映った「人喰い蜘蛛」を作ってくれと、珍しく駄々をこねたので作ることに。

5月15日

「人喰い蜘蛛」はツイッターのフォロワーさんからいただいた100均のモップ案で作ることに。

5月15日

やっぱお外にいっちゃうよね……(涙)。

5月17日

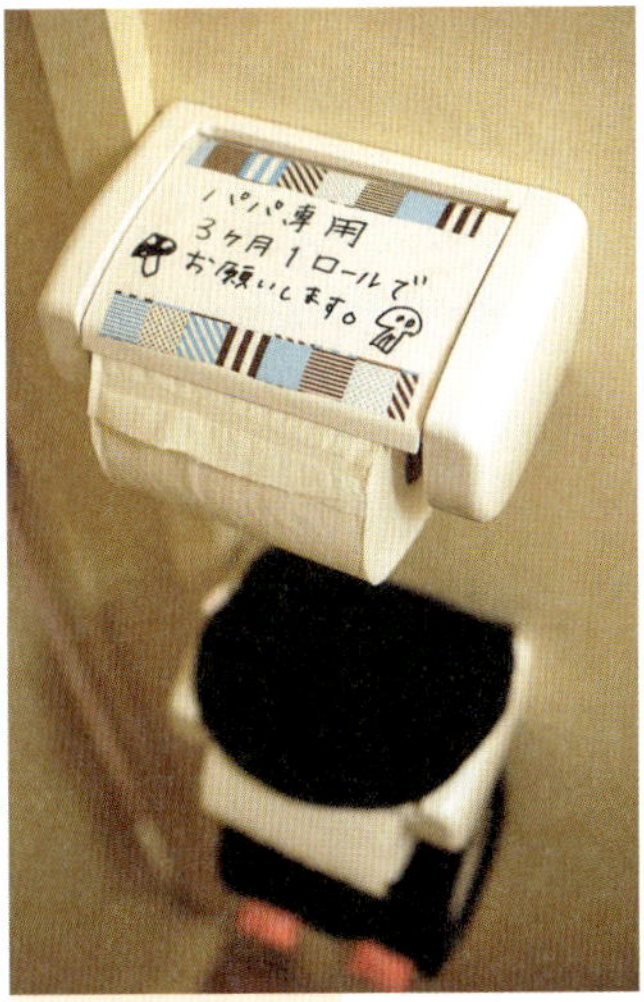

紙を使い過ぎるので、ついにぼく専用のトイレットペーパーホルダーが……。

5月31日

息子が初めて覚えた漢字、「千円」。

もひかん家の家族会議「魂の決意!!」の5月　**総括**

なごみとかずとよの成長が
うれしくもあり寂しくもあり……

時間よとまれ！　やっぱり動け！

　ばあばの体調が少し不安定で心配な月でした。そう言えば今月はあまり出歩いていない気がする。こちらでのかかりつけの病院がなかなか決まらずハシゴしている。薬も増えたかな……。いろいろと想いを巡らせての今月の議題だったのかもしれません。

　子どもたちはばあばが死ぬなんて想像もしていないし、いつまでも一緒に暮らすことに疑いもなかったでしょうから、少し心を乱してしまったかも。

　でも、こんな話は元気なときにしか笑ってできない。たくさん笑ってたくさん泣いて、ばあばのことを大切に想ってあげてほしいです。

　お金を数えられるようになり、水に潜れるようになり、みるみる絵が上手になる――。昨日できなかったことを、今日平気でやってのける。

　仕事が遅くなるとなかなか子どもたちと会話すらできない。もったいない！

　もっともっとゆっくり育ってくれ！

　いや早く育ってくれ！

　うれしいのはあたり前だけど、複雑な気分です。

もひかん家の家族会議

6 月

目標、ここに極まれり!!

ばあば「死なない!!」

6月度家族会議

書記なごみ

6月もくひょう

	けっか
・パパ→前を見てうんてん。	△
・ママ→目に見えてやせる。	×
・なごみ→視力を取りもどせ。	○
・かずとよ→紙のお金をあつめる。	7枚
・ばあば→死なない。	○

7月もくひょう

・パパ→前を見てうんてん。
・ママ→スリランカ人に会ったらちゃんと言う。
・なごみ→夏休みの宿題を7月中におわらせる。
・かずとよ→生き物の世話
・ばあば→ムシキングきわめる

議題

・大きくなったら何になる?

なごみ　電車の車しょう→勉強する。
かずとよ　メキシカンレッドニータランチュラ→すききらいをやめる。

もひかん家の家族会議「目標、ここに極まれり!!」の6月

「なごみ、かずとよ、将来どうする?」

はい、集合！　会議を始めたいと思います。ばあばが旅行から帰ってくるのが間に合わなかったんやけど、もう遅い時間やから、今回はばあば抜きでやろうか。わからんとこはばあばにあとで聞くわ、議事録にするときにな。

うん。

ほんだら先月決めた目標、なごみ読んであげて。

はい。６月の目標、パパは「前を見て運転」。どうでしたか？

できました。

マル。ママ、**「目に見えてやせる」。**
どうでしたか？

……。

おいー（笑）。

（笑）

プラマイゼロ。おんなしやった。先月と今日の会議の前で測ったら。今月いっぱい汗かいたし、や

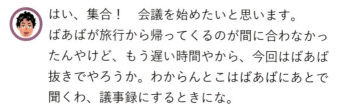

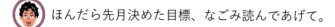

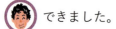

せるかなあと思ったら変わってない（笑）。三角かな。太ってたらバツやけど、太ってもなかったし。

（笑）

本当はあかんでえ！　バツやな（笑）。

なごみ、「視力を取り戻せ」。マルでしたあ（拍手）。

ねえ。視力戻ったなあ、よかったなあ！
はい、じゃあ目標達成。かずとよは？
かずとよ、**「紙のお金を集める」。**
どうでしたか？

できた。

できたなあ。めっちゃ増えたよなあ。

（笑）

いま、紙のお金何枚あるん？

7枚。

7枚!?　すごいなあ。
もう完全にママよりようけ持ってんな。

うん（笑）。

かずとよも目標達成です。おめでとう！　ばあばは「死なない」。もちろん生きとったな。よかった。

登場人物

もひかん

ママ

なごみ

かずとよ

ママはスリランカ人がお好き？

はーい、じゃあ７月の目標いこか。

７月の目標、パパは？

「前を見て運転」。

はい。ママは？

じゃあ、「やせる」？

いやいや、もうあかんでそんな……。

（笑）

パパひとつママにお願いしたいことがあんねん。

何？

事後報告でお昼のランチとかめっちゃ行くやんか。

ああ（笑）。

ええねんで、全然！
自分の小遣いで行ってくれてるしな。

うん。

でもその回数がえげつないくらい増えてきてんねん。だから、**友達と「スリランカ人のカレー屋さん」にランチに行くのを、ちょっと減らしたほうがええと思います。**

（笑）

スリランカ人に会うのは、
月１回くらいにしてほしい。
別にええねんで。でも数があまりにな（笑）。

（笑）

そして行ってもええねんけど、前もって何で言わへんねんて話なん。何で言いにくそうにしてん？　わかるけどな。

じゃあこれからは言うわ。

（笑）

はい（笑）。なごみは？　夏休みの宿題は大丈夫？

「宿題は７月中にやる」。

そやな。

かずとよはどうする？

カブトムシの世話をちゃんとする。

そうやなあ。今月ばあばにカブトムシ買ってもらったし、クワガタもご近所の方にもらったし、大切に育てよな。

うん。

ばあば、まさかの目標を設定！

ばあばから目標、預かってんねん。**ばあばは「ムシキングを極める」って言ってた。**

（笑）

最近かずとよの影響を受けたみたいで、ハマってるらしい（笑）。

将来なりたいものは!?

次は、議題です。何かある人？

なごみとかずとよが、将来なりたいものについて。

変わるかもしれんけど。
大人になったら何になりたいか？

なごみは何になりたい？

デザイナーか、電車のアナウンスの人。

車掌？

うん。

そうなんや。電車の車掌さん、なごみは前から言うとったもんな。デザイナーは難しいでえ。今日からデザイナーになりますいうて、なれるもんちゃうからな。なるために、どうせなあかんかっていうの考えていかなあかんな。
電車の車掌は簡単や。勉強せなあかんねん。まあデザイナーもそうかな。

何でも勉強ちゃう？

美術の学校行って、デザインをする会社に入れてもらって、いっぱい働いたらそこでいろいろ任してもらえるようになって、ようやく自分でデザインできるようになるから。
電車の車掌はめっちゃ勉強してな。なりたい人たくさんおるから。その人たちよりもめっちゃ勉強して、JRやったらJRに入って。そっから車掌になって運転手になってっていう道があるからな。何せ勉強や。算数はどうや？

算数は、計算速くなってきた。

登場人物
もひかん
ママ
なごみ
かずとよ

そうか！　まあなんせ鉄道は時間に厳しいからな、算数大事。算数の勉強しといて。たし算、ひき算間違えたらえらいことやからな。

かずとよの“BIG”な夢とは？

まあほんなら、なごみは電車の車掌かデザイナーやな。かずとよは？

虫屋さん。

虫屋さん？

うん。

最近虫好きやもんなあ（笑）。
さわれるようになったし。

かずとよは、サターンオオカブトになりたかったんちゃうの？

サターンオオカブトなりたいって言ってた（笑）。

（笑）

どっちでもいい。サターンオオカブトを飼うか。

**飼うじゃない、
自分がなりたいんやろ？**

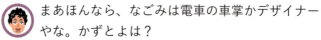

（笑）

サターンオオカブトか、メキシカンレッドニーやろ？

うん（笑）。

メキシカンレッドニーになるにはどうしたらええんやろうな。

（ほかの）タランチュラが襲ってきても刺す。

刺せるん？　まず（笑）。

じゃあなんにせよまずは好き嫌いをなくしていこか。好き嫌いあったら、なんにもなられへんで。

うん。

（笑）

いまから将来のこと考えとくのはええことやな。
引き続き考えよか。
よし。じゃあ本日の会議は終了！

お疲れさまでした！

6月2日

叩《たた》かないで
被《かぶ》らないで
ジャンケンポンは
ただの
ジャンケンだよ。

6月4日

なごみの運動会。
今年も仕事で
行けなかった。
来てほしいと
言ってくれる間に
一度は行って
あげたいなあ。

6月5日

泣きながら家族会議。
ばあばがここ最近、
身体の調子が
すぐれないのか、
（自分が死んだあとに――
という）重い議題を持ち込んだ。
でも、
いつか話をしなければ
いけない大事なこと。
涙で滲《にじ》み、
なごみの筆が進まない。

6月14日

家の両端から一直線に走ってきて、
すれ違いざまに
手をつなげなかったら
二度と会えなくなる
（という仮定の）
映画『ゼロ・グラビティ』ごっこ。
息子は手をつなげないことが
よっぽど悲しいのか、
慣性をまったく無視した
軌道で飛んできます。
たまには
宇宙に放り出される回も
やりたいなあ。

6月18日

ホントはまだ潜るのが
苦手なかずとよのために、
なごみが作ってくれた
スタンプラリー。
2週間後の
プール開きまで
お風呂で特訓が続きます。

（緑のスタンプはズル）

6月20日

かずとよが、
なぜか「なすびの唄」を
熱唱(オリジナル)。

「なーすーびー
わあああ
味があああ
そないしない
よおおお〜〜♪」

6月23日

出勤前にばあばから
風邪薬をもらう。ばあばいわく、
「これ苦いから
飲めるかなあ。
飲まれへんのと
違うやろか。
漢方やから
めちゃめちゃ苦いで」。
いつまで子ども扱いをするんや。
ワシもう41歳や!
でもありがとう。行ってきます!

6月24日

お風呂にて――。

かずとよ
「あんなあ。
ママがチン毛切ってたで」

ママ
「あんたツイッターに書いたら
殺すで！」

まだ死にたくないから
本に書くよ。

6月26日

ばあば人生初のプレステ4。

レースゲームで
沿道の観客に
手を振る67歳。

6月27日

鬼ごっこの最中に抜けた
かずとよの下の歯。
幼稚園の「おわりの会」のあとに
園児、先生、お迎えの父母の方々が
総出で広い広い園庭から
探してくれたそうな。
本当にありがとうございます!
そしてまさかの、
せっかく見つけて
いただいた歯を
アイロンビーズの瓶に
落としてしまい、
本日2回目の宝探しスタート……。

6月29日

ここ半年ずっと
ママが胸の痛みを訴えてくる。
乳がん検診に行ってほしいと
ずっとお願いをしているが
まったく聞く耳を持たないので
不安だったが、
ブラジャーが古過ぎて
ワイヤーがむき出しに
なっていたらしい。
柿の種のストックは
後回しでええから
ブラジャー買え買え！

6月30日

今日の晩ごはんは
非常に
メッセージ性の強い
オムレッツと、
シールを抜かれた
ビックリマンです。

（ビックリマン＝ママが集めていた
よしもと芸人のシールが入った
「よしもとビックリマン芸人チョコ」）

6月13日

かずとよは マッサージの
レベルが あがった！
おだちんに『ぎんのおかね』を
てにいれた！

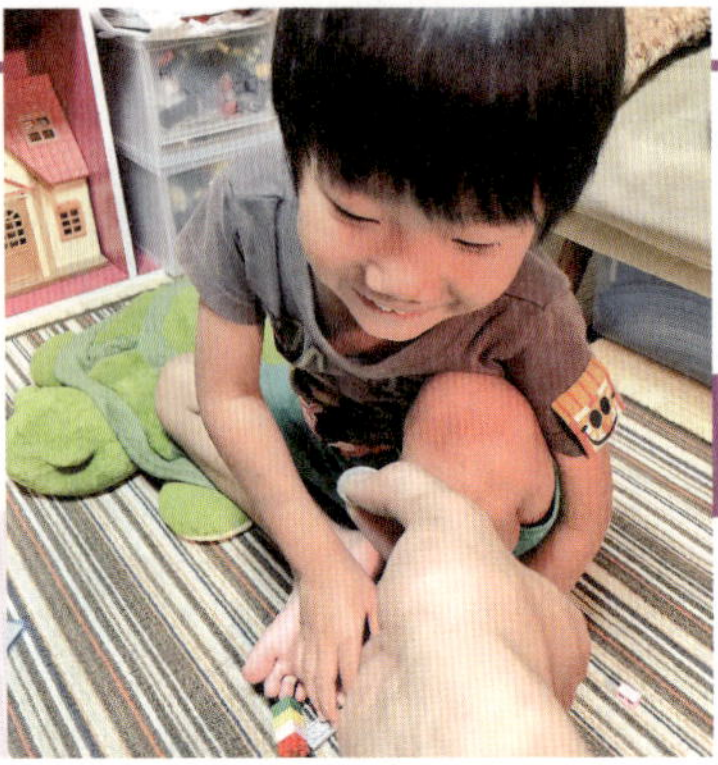

6月20日

ワンマンライブ最前
列で「なすびの唄」を
聴く（聴かされる）。

6月27日

抜けた乳歯をアイロ
ンビーズの瓶に落と
してしまい、探すこと
に……。

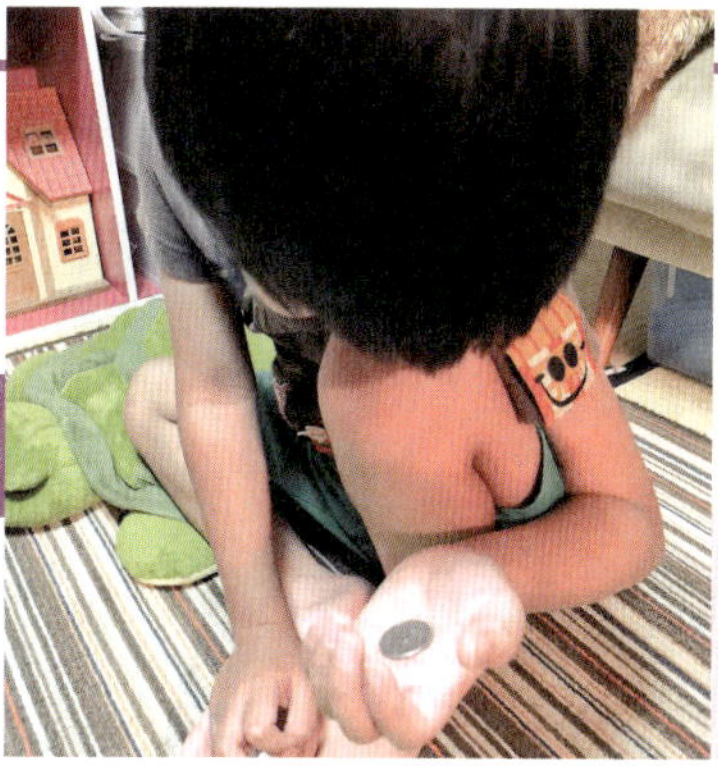

あなが
あいているほうの
『ぎんのおかね』だった！

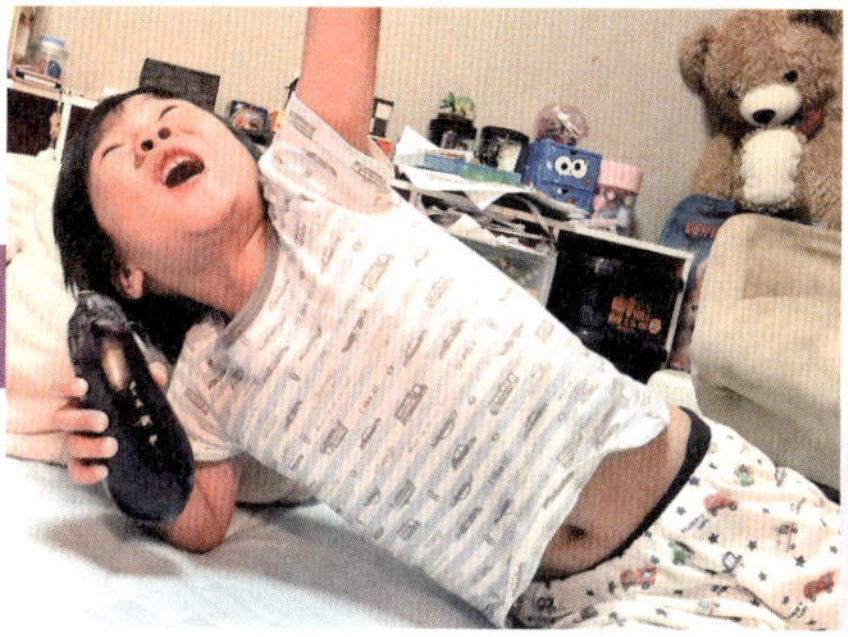

「なーすーびーわあああ
味があああ そないし
ないよおおお〜〜♪」

6月30日

帰ったら机の上にありました。嫁さん昼間なにしとんやろ。こわいこわいこわいこわい！

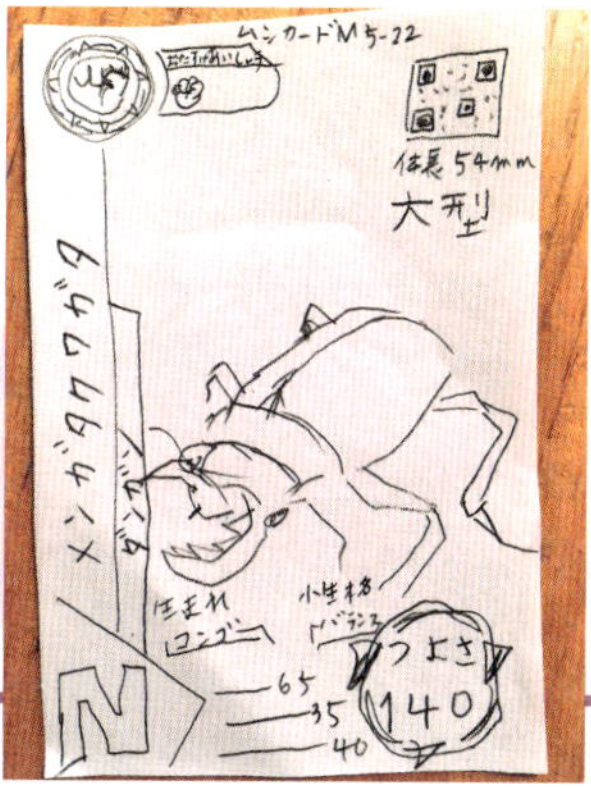

もひかん家の家族会議「目標、ここに極まれり!!」の6月

総括

かずとよの生活が一変！

図鑑を読み漁《あさ》り、地図を広げ、寝言は「虫の名前」に!!

今月はママがめっちゃ頑張って働いてくれました。そのおかげでほんの少しだけ、家族の生活にゆとりが持てるようになりました。

ママの買い物について行ったかずとよが、デパートのゲームコーナーにある“ムシキング”にハマる事件も発生。いままで特に何にも執着を見せなかったかずとよの生活が一変するほどハマってしまいました。

ゲームに登場する虫は3日で丸暗記。図書館で図鑑を借りて、産地まで覚え、今度はその国を調べるために地図まで広げる——。寝言も虫の名前になってしまいました（笑）。買い物について行くたびに1枚ずつ増えるカードが、いまは一番の宝物のようです。

それもママが寝ずに働いてくれたおかげ。かずとよやなごみの宝物が、ママの宝物です。

ママは本当にぼくと結婚して幸せな毎日なのかな。

立場が逆だったら……と、いつも想像して申し訳なく思います。早く借金を終わらせよう！　絶対に今月も前を見て運転しよ！　と改めて誓った月でした。

もひかん家の家族会議

7月

虫、かかってこいや！

ばあば「ムシキング極める!!」

7月度家族会議

書記なごみ

7月目標

	結果
・パパ→前を見て運転	△
・ママ→スリランカ人に会ったら言う	○
・なごみ→夏休みの宿題を7月中におわらせる	なめてた
・かずとよ→生物の世話	○
・ばあば→ムッキングきわめる	○

8月目標

・パパ→前を見て運転
・ママ→土方としぞうをおとす
・なごみ→集中力を高める
・かずとよ→おもちゃはカズトヨエリアに
・ばあば→ジムマスター

議題

かずとよが1年生になるよ

・ランドセル→ばあば
・つくえ→ふじいでらじいじ、ばあば
・その他→ころあいを見てしげにライン

もひかん家の家族会議「虫、かかってこいや!!」の7月

「ばあば、“ポケモンマスター”になる」

はい。じゃあ集合。
ばあば、ポケモンやめ（笑）。

（笑）

では会議を始めたいと思いますー。
なごみ、先月決めた目標言うてって！

パパ、「前を見て運転」どうでしたか！

できました！　今月も無事故でした。

ママ、**「スリランカ人に会ったらちゃんと言う」**！

先月はゼロスリランカや。

ゼロスリランカ？　会ってないってことか（笑）。

子どもたちが夏休み入ったから、ママ友とランチ行かんくなったからなあ。

ほんならマルやな。

なごみ、「夏休みの宿題を７月中に終わらせる」。

これですわー（笑）。

バツっっっ。

もう完全に宿題の量をなめてたな（笑）。
かずとよは？

かずとよ、「生き物の世話」。

できたな。ええね！

ばあば、「ムシキング極める」。

極めたな（笑）。

ムシやらなんやらいっぱい集めて……、ちょっと気に入ってる。ハマってます。

カードも作ったもんな。

そやな（笑）。

ママと、アプリと、土方歳三と

ほんなら、8月のみんなの目標を決めましょう。
パパは今月と一緒で「前見て運転」します。
はい、ママは？

いまやってる「携帯アプリのゲームのストーリーをめっちゃ進める」。具体的には（幕末の恋愛アプリの）**土方歳三をオトす！**

家のことも頑張ってな（笑）。

うん（笑）。

なごみはどうする？　目標考えた？
宿題は終わんの？　学校始まるまでに。

終わらせる日にちを早めに決めといて、「そこまでにやる」ってしたらええんちゃう？　８月のいつまでかとか。

そうやね。なごみはほかに何か自分のやりたい目標ない？

――（間）

うーん。

ほなあとで一緒に考えようか。かずとよは？

「緑のエリア（自分のものを置くスペース）からおもちゃをはみ出させない」。

そやなあ。いっつも片づかへんもんなあ（笑）。
おもちゃ片づけてなあ。

うん。

パパ帰ってきたときにおもちゃ出とったら１個につき１回ど突くで（笑）。

（笑）

いやあ、痛いやんなあ。
かずとよ、ため息つきようが（笑）。

ばあば、「ポケモンGO」にハマる

はい、ばあばの目標は？

いまは「ポケモンGO」。

そやなあ。もともとは「ポケモンGO」で歩いてやせるっていうダイエットの目標やってんな。

そうなんよねえ。だから、散歩がてら朝早く起きてボール（ゲームの中で使うアイテム）取りに行ったりしてて。でもそれにだんだんハマってきて。いろいろ集めたりしてちょっと（育てて）大きくしたり、変身させたりして。まあそれで、どっかのあれで戦えたら。ジム……何やったっけ？

ジムマスター？

ジムマスター！

あれね。

まあちょっと近所にいいスポットがあってな。この１カ月で戦えるとこまでいけたら、とは思って

るけど。いや、練習してみなわからへんねん。何かようわからへん。わかっとうようでわかってへん（笑）。

（笑）

なごみ教えたってな。
朝５時からゲットしに行ったりとかしてるからな。

うん。

８月の目標これでOK。なごみはあとで考えよう。じゃあみんな自分で決めた目標をクリアしてな。議題は何かある？　…………えっ！　泣かんでいいよ、なごみ。目標が見つからへんのやったらそれでもいいし。泣かんでいいよ（笑）。

（泣）

いまじゃなくていいんじゃない？
目標決めるのはな。

うん。そうやで。

かずとよ、１年生になれるか!?

じゃあ議題。来年かずとよが１年生になります。おめでとう！　まだやけどな。

まだやけど、もうすぐやな。

１年生になるのに要るもんて何よ。

ランドセルと机と鉛筆と消しゴムとはさみと……。

細かっ（笑）。

たしかに（笑）。ほな大きく分けよう。
ランドセル、机、あと鉛筆とか文具とか服やな。

入学に必要なものどうする問題

もろもろ必要なものは大きく分けて３つ。これらはやなあ、全部は買えません、うちは、申し訳ない！　みんなで手分けしちゃうということで。そこでばあばを呼びました（笑）。

ひー（笑）。

ばあばはこの場におってくれてるから、どれを買ってくれるか選べます（笑）。

（笑）

なごみんときは、ランドセル買ってくれた。

ランドセルか。

ランドセルやな。

登場人物
もひかん
ママ
なごみ
かずとよ
ばあば

やったー！　ばあばありがとうございます。

黒いランドセルやな、買いに行こうな。

うん！

ならランドセルは、ばあばが。はい、ランドセル消えました。次、机問題です、これもおっきい。

(笑)

なごみんときは、机は藤井寺のじいじとばあばが買ってくれたからな。

ほな、もうこれ藤井寺のじいじとばあばに頼んどきます (笑)。

(笑)

机もこれで消えました。

(笑)

あと要るのは入学式用のスーツとか体操服、その他もろもろ備品。

あとはもうパパとママでそろえよか。

何とかなる？　**かずとよ、貯金箱持ってその辺ぐるっと１周回ってきいや。**

隣のおじいちゃん家とかな (笑)。

（笑）

そうや、隣のうちのじいちゃんに買ってもらえ。

この前（かずとよが取ってきた）蛇の皮やったやろ。**「蛇の皮効果でお金生まれてへんかあ」いうて。**

（笑）

まあそれは冗談として（笑）。
なら服とか文具はうちで。

うん。

いざというときのシゲ

あと何かこまごましたもんで要るんやったら（パパの弟の）シゲに頼むか。

シゲはいきなりツイッターにアップする家族会議の議題で、自分の名前目にすんの？（笑）

やばいときはシゲに頼る！　これや！

（笑）

はい、今月はじゃあ以上です。
ほなお疲れさまでしたー！

7月1日

風呂あがりに
コンタクトを外した状態で、
ママがテレビで唄う
アイドルグループの
右らへんを指差して
「元カレに
めっちゃ似てるわあ」
となごみに言うてた。
なごみが横目で
ぼくに気遣った目を向ける。
苦笑しているように見えた。

7月2日

なごみ、
6月の目標クリア！
ネットで散見される
情報を組み合わせて
1カ月頑張ってみた。

メガネ回避！
やった〜！！！

7月3日

かずとよが「ヨーロッパのうんこ事情」を気にしだす。

7月10日

昨日拾ってきてしまった
弱ったスズメのヒナ。
徹夜の看病もむなしく、5人が見守る
輪の中で息絶えてしまった。
元気になったらお母さんスズメの
元に返してあげようと
意気込んでいた子どもたち。
しゃくりあげるなごみをなだめる
ばあばも言葉を見つけられない。
スズメのお墓に
手を合わせるかずとよが
小声で言った
**「次は大人で
生まれてきますように」**
が忘れられない。

7月16日

ママが
1本900円もする
高級シャンプーを
買ってきた。
どうやらぼくらは
使わせてもらえない
ようだ……。

すべての毛根から
針金生えてこい！

7月18日

嫁のママ友が
夏休みの思い出にと、
なごみとかずとよを
遊園地に連れてってくれた。
いつまでも臆病で泣き虫だと
思い込んでいたかずとよが、
おばけ屋敷に入れたらしい。
その夜にかずとよが
描いた絵がこんな感じだった。
めっちゃガイコツ!!

**やっぱり
怖かったんかえ!!**

7月22日

テレビを
ザッピングしながら
タレントに
あだ名を付けるゲーム。
かずとよは
蛭●能収さんに
『やさいどろぼう』
なごみは
りゅう●ぇるさんに
『キーホルダー』
と命名。

7月23日

台所で
ママと2人だけの会議。
漏れ聞こえたらしい
「お金が足りない」に、
かずとよが
自分の貯金箱から
50円玉を1枚
持ってきてくれた。
泣きながら
50円玉を2枚にして
返してあげた。

7月24日

国民的行事になった
「ポケモンGO」配信の
ニュースが、
ばあばの耳にも入る。
ダウンロードの
画面まで進むも、
アカウント作成に電話番号の
入力を促され慌てる。
ばあばいわく

**「若者たちの
電話番号を盗む気や！」**

7月25日

事故の弁済が
半分終わった！
去年の9月6日以降、
ホントに生活が激変した。
苦しい。

笑ってないと
やってられない！
だから笑かす！

7月28日

テレビを見ていた
なごみが、
和菓子職人に
感銘を受けて
創作和菓子の
絵を描きだす。
感銘を受けたのも
束《つか》の間、
5分で飽きる。

7月31日

かずとよに頼まれていた〝ムシキングの筐《きょう》体《たい》〟を手作りする。

7月1日

ばあばは旅行、ママは夜勤。ぼくも夜明け前に出勤ということで、子どもらが起きたときのために「ママ２号」の出動。おっぱい製作担当大臣の息子は片乳で電池切れ。

7月8日

遊び疲れた“カブトムシ”。起こしたら機嫌悪いパターンのやつ。

7月2日

なごみの視力が期待以上に回復しているので、どちら様かのお役に立てば。

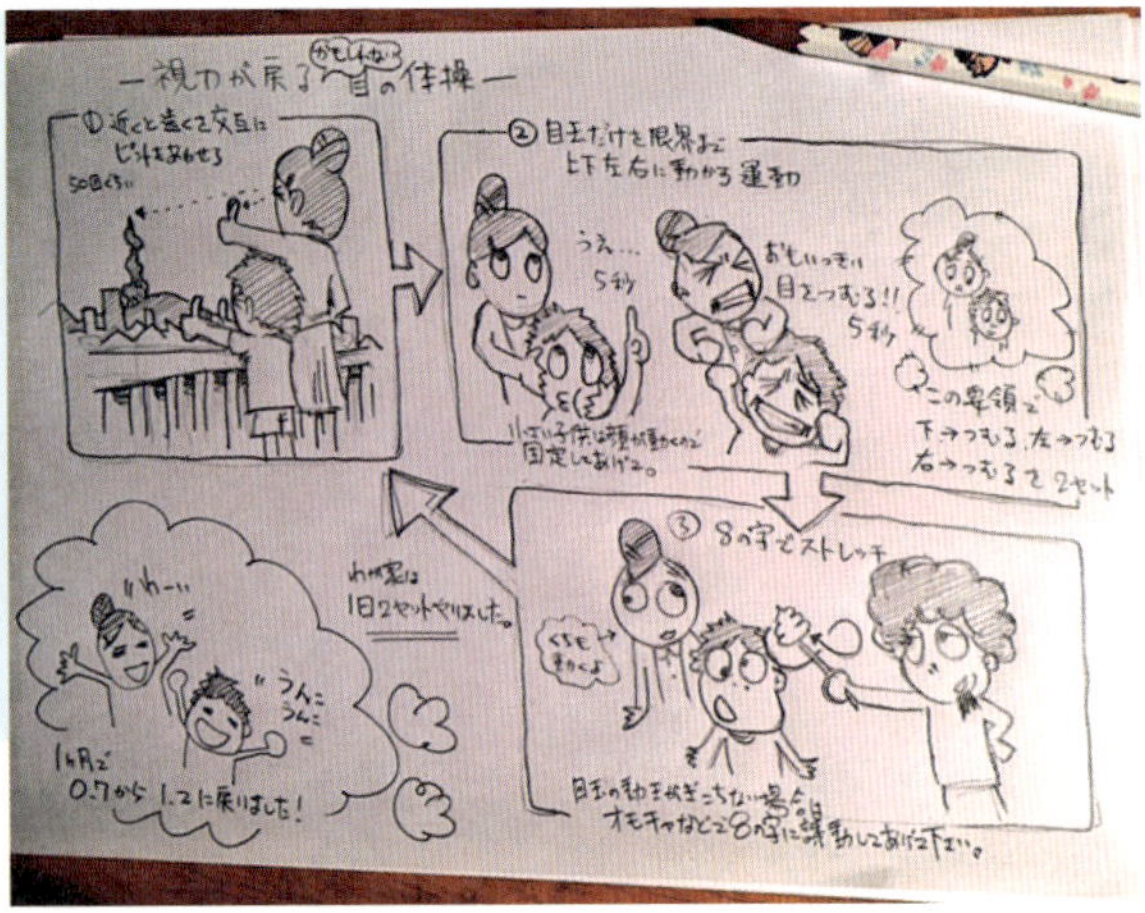

7月16日

ママの高級シャンプーは男子使用厳禁らしい……。

7月28日

和菓子職人の番組に感化され“かけた”なごみが飽きる様をご覧ください。

7月21日

おばけ屋敷がよほど怖かったのか。必要最小限の情報でちゃんとしたガイコツを５歳児（かずとよ）が突然描きだした。アニメの影響も、下手ウマが狙うしたたかさも見当たらない。こんなの見せつけられる度に、親とは勝手なモノで「成長止まれ！」とも「進め！」とも思う。

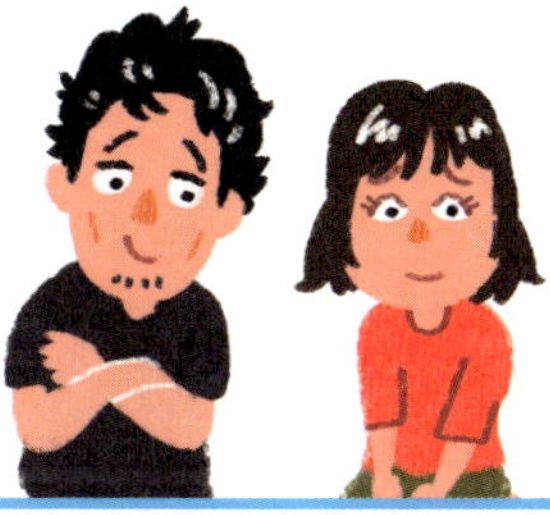

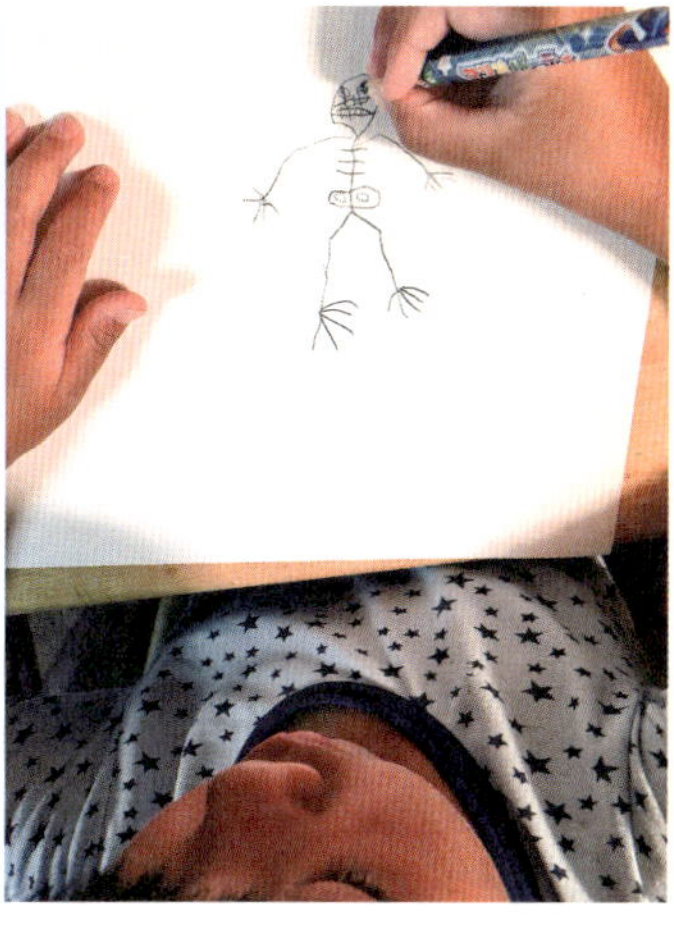

もひかん家の家族会議「虫、かかってこいや!!」の7月　**総括**

子どもらとばあばにもあのブームが到来!!

子育ての難しさに悩み中！

生き物たちとのお別れが多かった月。

カブトムシ（のメス）、魚のベタちゃん、スズメのちゅん子。今月だけでたくさんのお墓を作った。その度に「もう生き物は飼いたくない」と泣く。

そのタイミングでやってきた「ポケモンGO」のブームに乗らないはずがない。ばあばも朝5時起きでポケモンを探しに出掛ける。夏休みはもう終始これをしていそう（笑）。

以前から気掛かりだった、なごみの思案ぐせ。

優しくて内気な性格も相まって、学校でも何か困っていないか少し不安になる。

今月の家族会議も目標を決めかねる。なごみの悪いところがちょっと出てしまった。

人と同調して意見を変えてしまったり、親が望む答えを探そうとしている。これを安易に注意してしまうことは、結局、また親が望む答えを探そうとしてしまうことになる。

さてどうしよう……。

子育てめっちゃムズイ！

もひかん家の家族会議

8月

歳三、かかってこいや！

ママ「土方歳三をオトす!!」

8月度家族会議　書記なごみ

8月目標　結果

- パパ→前を見て運転　△
- ママ→土方としぞうをおとす　◎
- なごみ→集中力を高める　○
- かずとよ→おもちゃはカズトヨエリアに　○
- ばぁば→ジムマスター　×（かわいそう）

9月目標

- パパ→前を見て運転
- ママ→洗たく物をすぐたたむ
- なごみ→ことわる勇気
- かずとよ→おしりのあなからヤッホッホーイきんし
- ばぁば→ほとけをなぞる

議題

- 事故から今日で1年

→パパからごめんなさい

- これからも仲よくくらすために

→それぞれの輪っかをふまないふまれない

（きょり感）

もひかん家の家族会議「歳三、かかってこいや!!」の8月

「同居には“輪っか”が大事！」

8月の会議始めたいと思います。
なごみから先月決めた目標を言ってって。

はい。パパは「前を見て運転」、どうでしたか？

できました。

ママは **「土方歳三をオトす！」**。

うん、できた。

こういう目標は早いな（笑）。

（一度クリアして）2周目いってる（笑）。

（笑）。なごみ、「集中力を高める」。
高められました。

できたな！　頑張ったな。
宿題もどうなるか思うたけど早めに終わったな。

かずとよ、「おもちゃはかずとよエリアに」。

どう？　このへんどうなん？

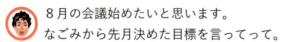

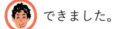

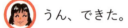

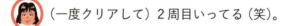

いけてる。

いけてる（笑）。

まあ、いけてるか。
これからもお片づけは気い付けてな。

うん。

ばあばの気持ちに変化が……

ばあば、「ジムマスター」。

ジムマスターは……（笑）。ちょっと気持ちに変化が現れて。

結局、集めたポケモンがかわいそうになったって言うたな？

うん、そうそう。**戦ってな、傷つけたりすんのがすごく嫌でな。**何か新しい子ができたり進化したりしたらもう……。数もだんだん増えて、いまは80個ぐらいになってるかな。

これからもポケモンは続けるん？

ちょっとずつはやっていく。まあでももうコレクションやなこれは。

なら、目標失敗というか、**集めたポケモンを戦わせるのはかわいそうやからやめるということやな。**

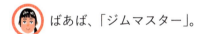

はい。

はい（笑）。 じゃあ９月の目標を。パパは、変わらず「前を見て運転」でいいですか。

うん、いいよ。

ありがとう。はい、次、ママどうする？

ママは、「洗濯物をちゃんとその日のうちに畳む」。で「畳んだら直す」（収納する）。そして弁当にはしを最近入れ忘れがちやから、**パパが手で食べてるときがある**から気を付ける（笑）。

（笑）

ふたつどっちかやね（笑）。なごみは？

「はしと鉛筆の持ち方に気を付ける」。

そやな、前から先生に言われとったんやったっけ？

うん。

ただしい約束の守り方

あと、なごみに１個提案があんねん。１週間前にかずとよのお守りをするって約束したのに友達と

黙って遊びに行っちゃったよな。「一緒に行きたい」って言ったかずとよも悪いんやけど、友達に誘われても、ちっちゃい弟が一緒におったら、危ないから行ったらあかんとこもあるやんか。だからそういうときは「かずとよがおるからそこは無理や」って断る。もしくはかずとよを家に1回送ってきてから行くとかしなあかんかもしれんな。その目標を持つ、というか、心がけてほしいな。事故が起こってからでは遅いからな。それでいい？

うん。

でも友達も大事やもんなあ。

そやねん。友達も大事やもんな。パパもそうやった。

かずとよともたまたま一緒におったからそうなっただけで。それは「かずとよも一緒に遊んだるよ」って言ってくれたなごみの優しさやもんな。

ほんで、かずとよ連れて遊ばなあかん姉ちゃんも大変やと思うねん。

そうやな。

かずとよのことを気にしながら友達と遊んでな、大変やったと思うのになあ。

うん。たしかにな。まあそういうことがありましたいうことやな。

うん、そやねえ。

“カミングアウト”の大切さ

でも自分から言いよったからな。お風呂で。
２人でカミングアウトした。

ほんま!?　おまえら偉いな。
パパやったら黙ってて、あとで怒られてるわ。

（笑）

……って泣くなやー（笑）。

（泣）

姉ちゃんも大変や。弟も見ながら遊ぶんやもん。

うん。大変やな……。かずとよの目標は？

黙って勝手に遠いとこ行かへん。

いま変えたな、おまえ（笑）。

お尻の穴からやっほっほい!?

かずとよ、何か議題ある？

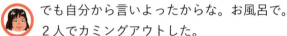

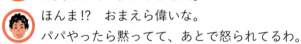

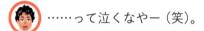

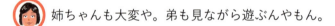

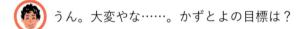

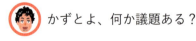

最近の挨拶するときの言葉、言うてみて（笑）。

こんにちは。

ちゃうやろ（笑）。お尻の何ちゃら。

お尻の穴からやっほっほい。

それやたら言う（笑）。

それ禁止やな（笑）。外では言うたらあかんで！

家ではいいよ。

お尻の穴から？

やっほっほい。

言うた！

（笑）

家ん中やんなあ（笑）。

（笑）。じゃあかずとよは挨拶に気を付ける。
なごみはふたつの目標のうちのどれかひとつでもええと思うで。

ばあば、“仏像なぞり”にハマる

ばあばの目標は？

私は「仏像のなぞり描きを極める」。なぞり描きやってると無心になって楽しいんで。本も買ったし。

めっちゃ面白そうやったわ見てたら。

結構難しくてな。ここらへんの肩のところがガタガタってなったりとかね。**最初の一筆めとかめっちゃ緊張するから（笑）。**

（笑）

この仏像なぞり描きの本が１カ月ぐらいで完成するんちゃうかっていうことで。今月の目標は……。

写仏です。

仏をなぞる。

はい。

事故からちょうど１年

じゃあ次は議題。パパから１個あります。
今日ちょうど事故して１年やねん。

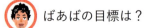

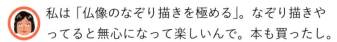

もう１年か。

ちょうど１年前の９月の初めやってん。事故したときは心臓止まるか思たわ、ほんまに。そっからもう生活が激変しちゃった。で、まあ改めて議題というか、みんなに迷惑掛けたことを今日この会議の場でおわびしたかったっていうことです。本当ごめんなさい。みんなにしんどい思いさしてるからな。……あと、返済は５月で終わるんやよな。

うん。

それまでちょっと辛抱してな。
終わったら、習い事も行けるかもしれんし。

ちょっとしんどいけど頑張ろうな、みんなでな。

うん。

徹底討論！「同居のコツ」

あと、まあこれからも、ばあばとみんなで仲良くするために、ちょっと腹割って話したほうがええんちゃうかっていうのが「同居のコツ」やねんか。

うん。

玄関１個扉があるだけで、まあほぼ同居みたいなもんやんか。何でうちは同居がうまいことといって

登場人物
もひかん
ママ
なごみ
かずとよ
ばあば

んのかっていうのはみんな聞きたがってるから。ばあばと、特にママの関係な。心構えというか、多分意識してへんと思うねん、2人は。

してないなあ（笑）。

それでも仲が良くて、ほかの家とちょっと関係が違うのは何でなん？

結局、人それぞれ合う合わんがあって、合うんやろうなあ。

そうそう。基本的に相性が合うってのが一番やろね。

絶対的にそれはあるんかな。

あるね。

それが根本にあって。だから、合わんかったら絶対近づけへんやろうし。ばあばが姫路に住んでたときも、パパが急に仕事になっておれへんくなったときでも——。

ママだけでも遊びに来てくれてたやんか。近所の人も言うてたで。もううちの嫁さんは全然来たこともないんやって、あんたとこ偉いなあいうて。そのときも、いや、そんなもんなんやろうかと（笑）、あんまりそういうこと考えへんからさ。

うん。だから、そんな何か意識して近づこうとしてないし。

でもな、まあ最初にママが、俺が仕事のときでも俺抜きで、子どもを連れてばあばのとこ行ってる

から。それがあるからばあばもそういうふうに接してくれるようになって。だからまあ、お互いの心がけのたまものやな。

自分がされて嫌だったことはしない

私は私で、むかし親と同居してたな。完全な同居で苦労した経験があるから、それをこの子（ママ）にさせたくないという想いが強いなあ。姑（義理の母）は近所でも有名な気の強い人で、しかも7人暮らしのところに嫁いだから、正直しんどかったな。１日でも早く家を出たくて隣が空き家になった日がどれだけうれしかったか。だからいまの遠過ぎず近過ぎないこの状況（扉１枚隔てた環境）がありがたい。私が同居していたときは冷蔵庫がひとつだった。買い物に行っただけでも姑の「それあったのに」の一言が気になったり……（涙）。

昔の人はみんな嫁姑関係で苦労してきてるから。私もお母さんからそんな話ばかり聞いてきたし。

ふぇんたくものでもふぁ、あたひのはへふぇんたくひへくれへんのやへえ（号泣）。**【訳：洗濯物でもな、私のだけ洗濯してくれへんのやで（号泣）。】**だから、ここに引っ越してきたときに、この子（ママ）が私のパンツ洗ってくれたのがめちゃくちゃうれしかったんや。

（泣き笑い）

そんな単純なことの積み重ねが大事なんとちがうかな。

あと、うちの場合は、パパに女兄弟がおらへんのは大きいかも。

嫁の小言を吐く場所がないのは大きいわ。姑と小姑が固まると嫁はそれだけで大きな疎外感があるもんや。いまはこの子が娘みたいな感覚やからな。

本当は旦那さんにも助けてほしい

半同居に、小姑がいなかったっていう運だけの話やな。

違う！

じゃあなんやねん！（笑）

私の親の世代はみんな同居で苦労してきたから。それを私らの世代にはさせへんていう努力をしてくださってるということと……。

それを理解してくれる“娘（ママ）”への愛情やな。自分の同居のころを思い出しても、お父さん（もひかんの父親）が助けてくれた記憶がない。些細なことにでも気付いてやる旦那も必要かもしれんね。気の強い姑で苦労したけど、孫（もひかん）の面倒を見てくれてたことは感謝してるよ。

私が安心して仕事に行けるのは、ばあばが、なごみとかずとよの面倒を見てくれるからやしね。

私の神経質な欠点を埋めてくれる図太さをこの子は持ってる。いざというときに頼れるしな。

「輪」を踏まない、踏ませない

人にはそれぞれ輪っかがあるねん。とくに女はな。ポケモンじゃないけど、縄張りが、輪っかがこうあるわけや（笑）。そのお互いの輪っかを踏んだらあかんし、踏まれへんようにせなあかん。そういうことやな。

なるほどな。うまいこと締めてくれたな、
ポケモンで例えるとは（笑）。

（笑）

よし、なごみ締めて！「終わりますー」って。

これで、８月の家族会議を終わります！

はーい、お疲れさまでした！

お疲れさまー！（笑）

（拍手！）

8月6日

ばあばが「ポケモンGO」にハマってしまった。

毎朝5時起きで自転車に乗って隣町まで出掛けてるらしい。健康のために運動を兼ねてと言ってるけど、ホントは孫と話すきっかけを作ってくれているんだろう……。

8月7日

家族会議の日。
今日まで目標を
決めかねていたなごみ。
宿題や日々の生活態度を
改めるために、
初めて親が目標を決めることに。
泣かせてしまったが、
これから父親として
こんな機会が
増えてしまうかもしれない。
子の成長がうれしくもあり、
寂しくもある。

8月11日

人生でもう何度目かも
わからない禁煙。
どう見積もっても
お金が足りない。
意志の弱いぼくに、
今回はママが
付き合ってくれる。
旨そうにタバコを吸ってる
ママを眺めながら
吸うタバコ旨かったなあ。
なごみから
禁煙のお守りをもらう。

8月15日

かずとよが大切に大切に
育ててきたカブトムシが
死んでしまった。
驚いたのは
泣かなかったこと。
口を真一文字に
結んでジッと
虫カゴを見つめる。
誰に言われるでもなく、
お墓の用意を始めた。

8月16日

何をしてもなかなか
続かなかったなごみが、
一気に200ページの
本を読み終えた。
しかも、
ぼくが小学生のころ
一番苦手だった
読書感想文を3日で終える。

なごみのいいとこ
またみっけ!

8月17日

仕事中にばあばから電話。
何事かと肝が冷える。
「今月の目標が
達成できそうにない」
とのこと。
育てたポケモンが
愛おしくて、
戦わせたくないらしい。
なんともばあばらしい。

8月19日

かずよの寝言。

「はい。五千円！」

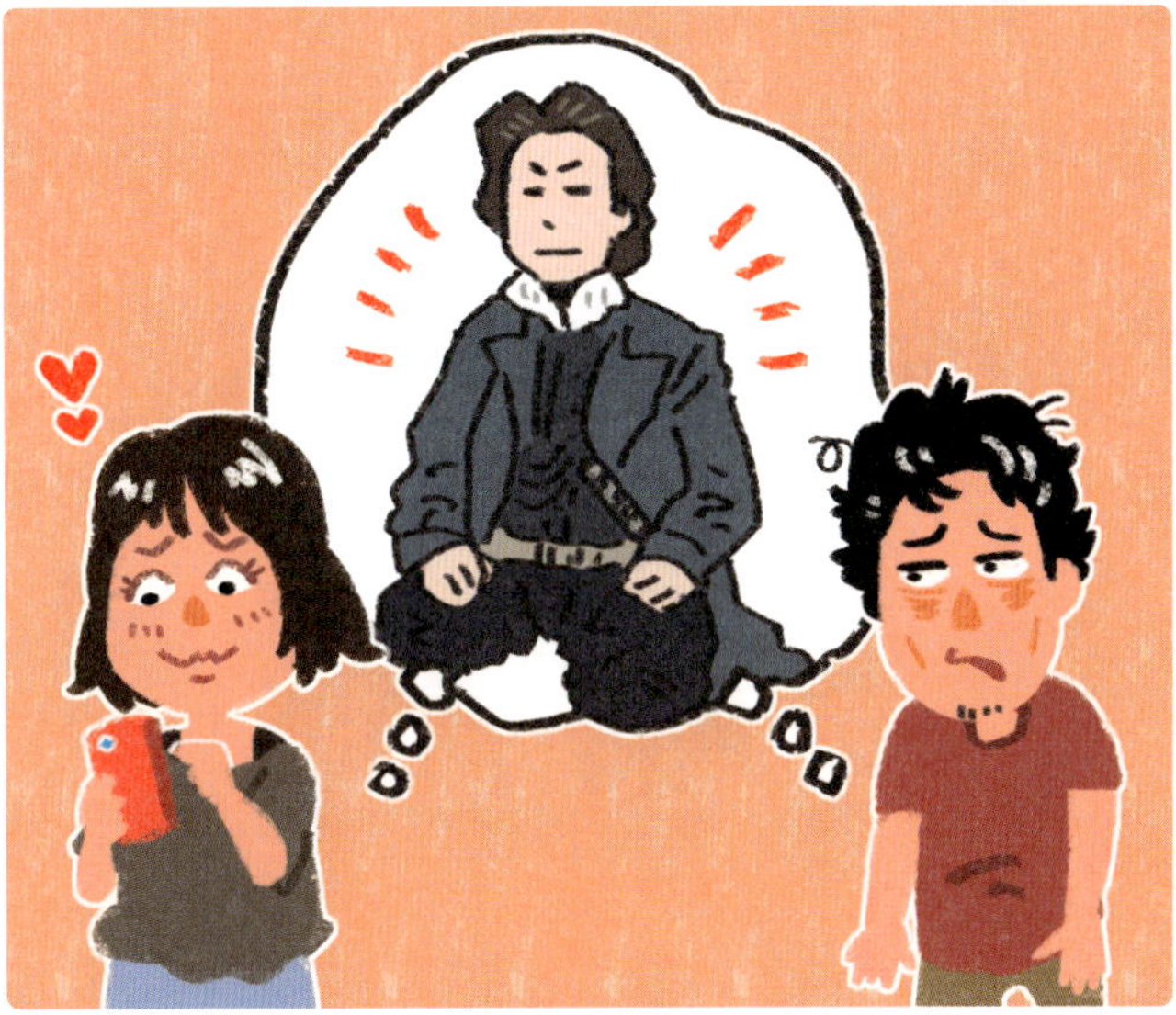

8月25日

ママ、早くも目標達成。
恋愛ゲームの中で
土《ひじ》方《かた》歳《とし》三《ぞう》と
何があったのか
全然教えてくれない。
まあおかげで機嫌良く
暮らしてくれるのだから、
土方歳三には
感謝しかない。

8月27日

夏休み最後の週末に
子どもらと
ママの勤務先へ。
なごみの
自由研究のタイトルは
「寝ている間に
働いてる人たち」。

**今日だけは
夜更かしして良し！**

8月28日

結局行けず仕舞いだったＵＳＪ。
せめてもの罪滅ぼしに
ママと協力して、
〝フライング
ダイナソーごっこ〟
をしてあげる。
といっても物干し竿2本で
子どもらを吊るし、
ジェットコースターの
動画に合わせて
上げ下げするだけのもの。
いつか本物に乗ろうな。

8月29日

かずとよがここしばらく
スケボーに乗ってみたい
と言うので、
体験教室に連れて行った。
ここで派手に転んで
懲りてくれたら
誕生日プレゼントが
安くあがる(笑)。
という淡い期待をよそに、
転んでも転んでも起き上がる
5歳に成長を見せつけられた。

8月30日

かずとよを
歯医者に連れていく。

先生
「どこが痛い？」

かずとよ
「開けさせられてる
その手が痛い」

ママ
「す、すみません！」

もひかん家の家族スナップ

8月1日

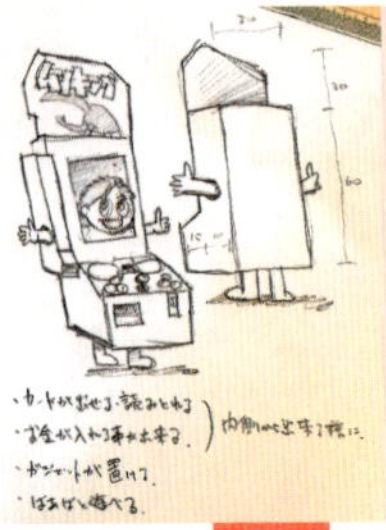

溜め込んだ父親仕事をこなす。まずはかずとよに頼まれていたムシキングの筐体作成。

完成！　かずとよはムシキングが好き過ぎて筐体になりました。

で、やっぱりお外いっちゃう。

8月11日

禁煙2日目。なごみからもらったお守り。

8月2日

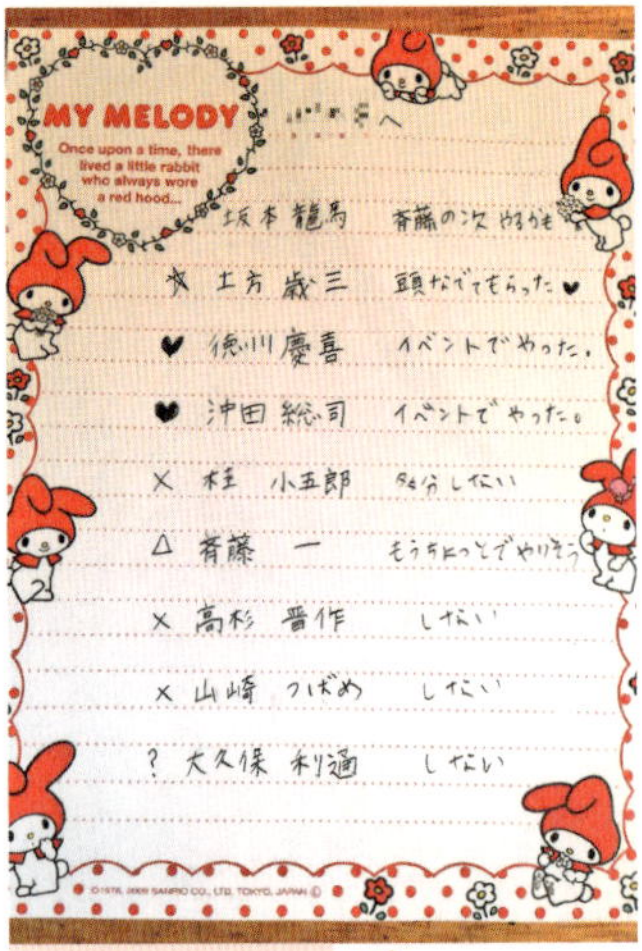

ママがママ友にLINEで送ってた「幕末イケメンなんちゃらアプリ」の“進行”リスト。

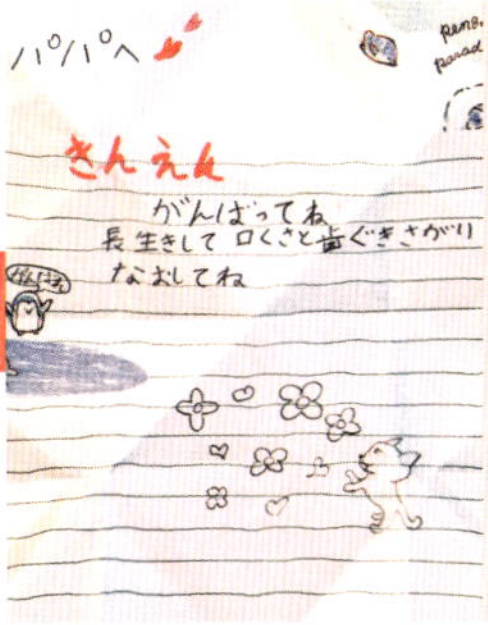

さっそく開けたら……(涙)。

8月14日

【きょうのこうさく】セミの抜け殻を41個運ぶ貨車(コキ改セミ41)。

8月15日

かずとよが作った、大切に飼っていたカブトムシの墓標。育てていたカブトムシに、育ててもらってました。

8月21日

乗れた!!
5月の
目標達成!!!

8月23日

なごみが描いた間違い探し。本人も正確な間違いの数は把握できていません。40くらい見つけたあたりから頭がおかしくなります。

もひかん家の家族会議「歳三、かかってこいや!!」の8月 **総括**

家族会議のおかげで危機的状況も乗り切れそう！

ありがとう家族のみんな!!

家族会議を始めるきっかけになったぼくの事故からもうすぐ１年になります。

この間にママがパートを始め、ばあばが倒れ、家族の誰もが乗り越えることなんてできないと思っていた危機的状況の半分の道程を踏ん張りました。

それどころか、それどころか……いまぼくは原稿用紙に向かっておこがましくも、我が家の日常をしたためている……。

何とかなります！　こんな我が家が何とかなるんですから、みなさんのご家庭は確実に何とでもなります！

だから絶対にどんな日も、何があっても、お互いの手を放さず会話を楽しんでください。

事故の借金返済が完了する５月までこの家族会議で乗り切るつもりでしたが、いまはもう少し続けても良いかなと思っています。

ママのご機嫌、ばあばの趣味、何より子どもたちの見落としてしまいそうな成長が見届けられるなんて、こんな贅沢、他に知らないです。

もひかん家の家族会議

特別付録

1

もひかん家の

過去の議事録

2

数ある中から超厳選!!

もひかんツイッター集

前年10月の議事録

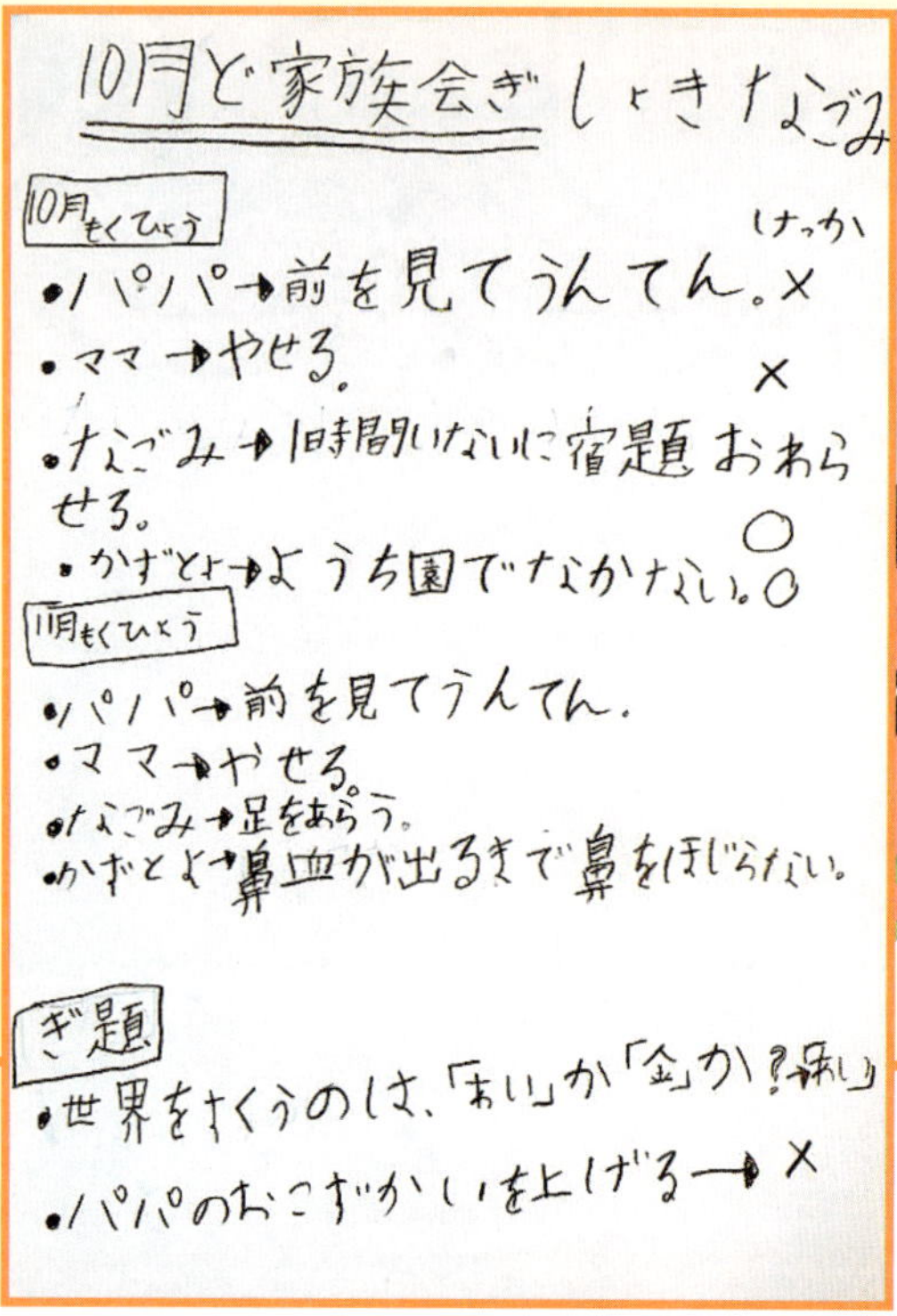

10月ど家族会ぎ　しょき　なごみ

10月もくひょう　　けっか

- パパ→前を見てうんてん。×
- ママ→やせる。×
- なごみ→1時間いないに宿題おわらせる。○
- かずとよ→ようち園でなかない。○

11月もくひょう

- パパ→前を見てうんてん。
- ママ→やせる。
- なごみ→足をあらう。
- かずとよ→鼻血が出るまで鼻をほじらない。

ぎ題

- 世界をすくうのは、「あい」か「金」か？→「あい」
- パパのおこずかいを上げる→×

家族会議が始まった月！

事故の弁済という危機的状況を迎え、「家族会議」はこの月から始まりました。“ぎ題”にある『世界をすくうのは、「あい」か「金」か？』➡「あい」は、当時流行っていたゲーム（『Splatoon（スプラトゥーン）』）内でのイベントで、チーム分けをする際にされた質問です。“「あい」の中にはお金も含まれている”というなごみの一言で結論は「あい」に決まりました。この言葉のおかげで、何かしら壮大なテーマで家族会議をこなしているように取っていただいた方も多く、とても恥ずかしかった思い出があります。

前年11月の議事録

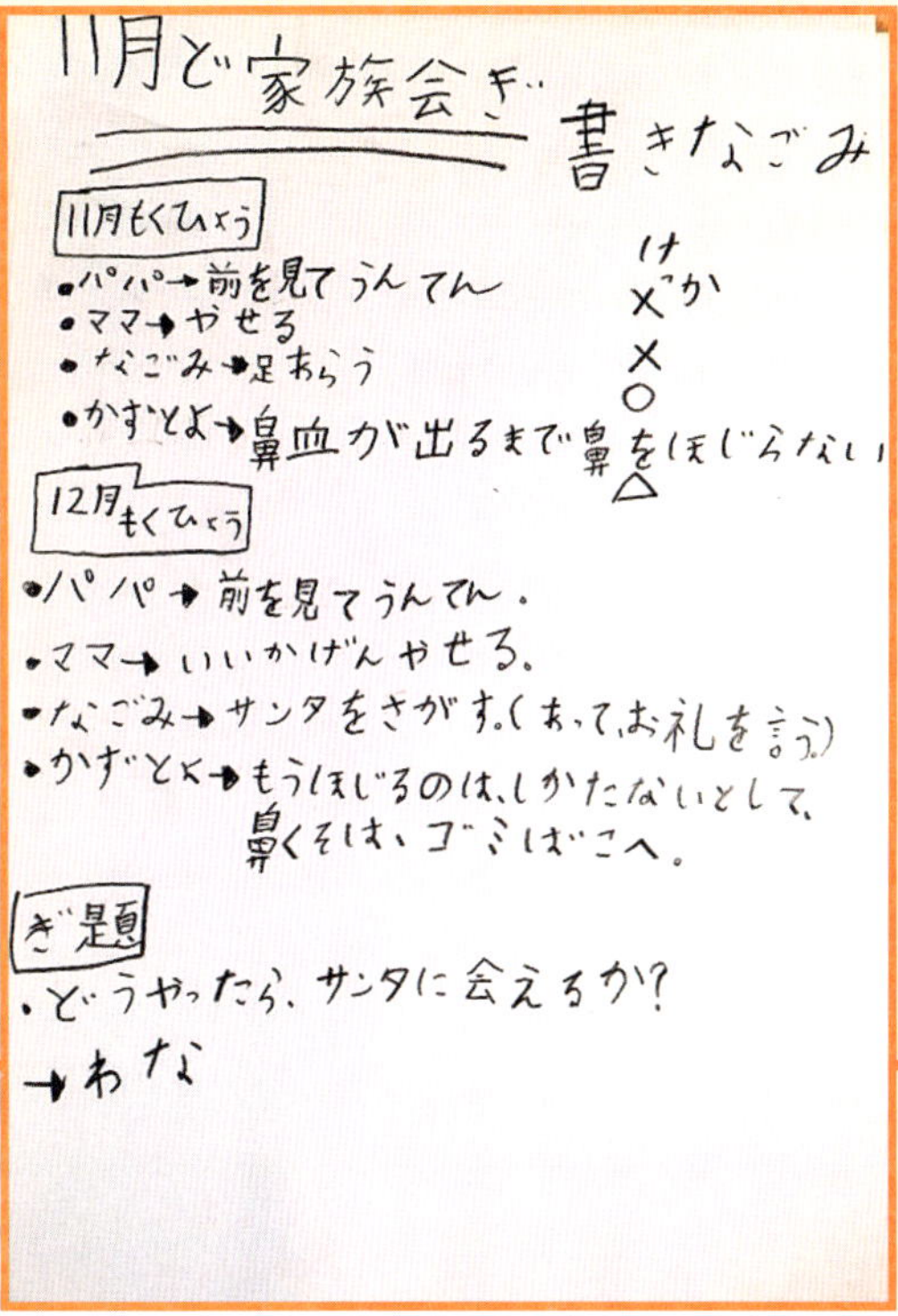

11月ど家族会ぎ

書きなごみ

11月もくひょう　　　　　けっか

・パパ→前を見てうんてん　×

・ママ→やせる　×

・なごみ→足あらう　○

・かずとよ→鼻血が出るまで鼻をほじらない　△

12月もくひょう

・パパ→前を見てうんてん。

・ママ→いいかげんやせる。

・なごみ→サンタをさがす。(あって、お礼を言う)

・かずとよ→もうほじるのは、しかたないとして、鼻くそは、ゴミばこへ。

ぎ題

・どうやったら、サンタに会えるか？

→わな

サンタ捕獲大作戦、始動！

ばあばが倒れ、同居を決意した月です。かずとよの『もうほじるのは、しかたないとして、鼻くそは、ゴミばこへ』は、前月の目標を守れなかった譲歩案です。いたるところに捨てられたカピカピの乾いた鼻くそを踏んだらすごく痛いため、このような目標になりました。“ぎ題”にある「サンタに会うためのわな」は、「ベランダに鈴」「布団の周りに粘着テープ」「寝たフリ」などさまざまな案が出てました。結果、薄目を開けて「寝たフリ」作戦でサンタ待ち中に子どもらは爆睡してしまいました。

前年12月の議事録

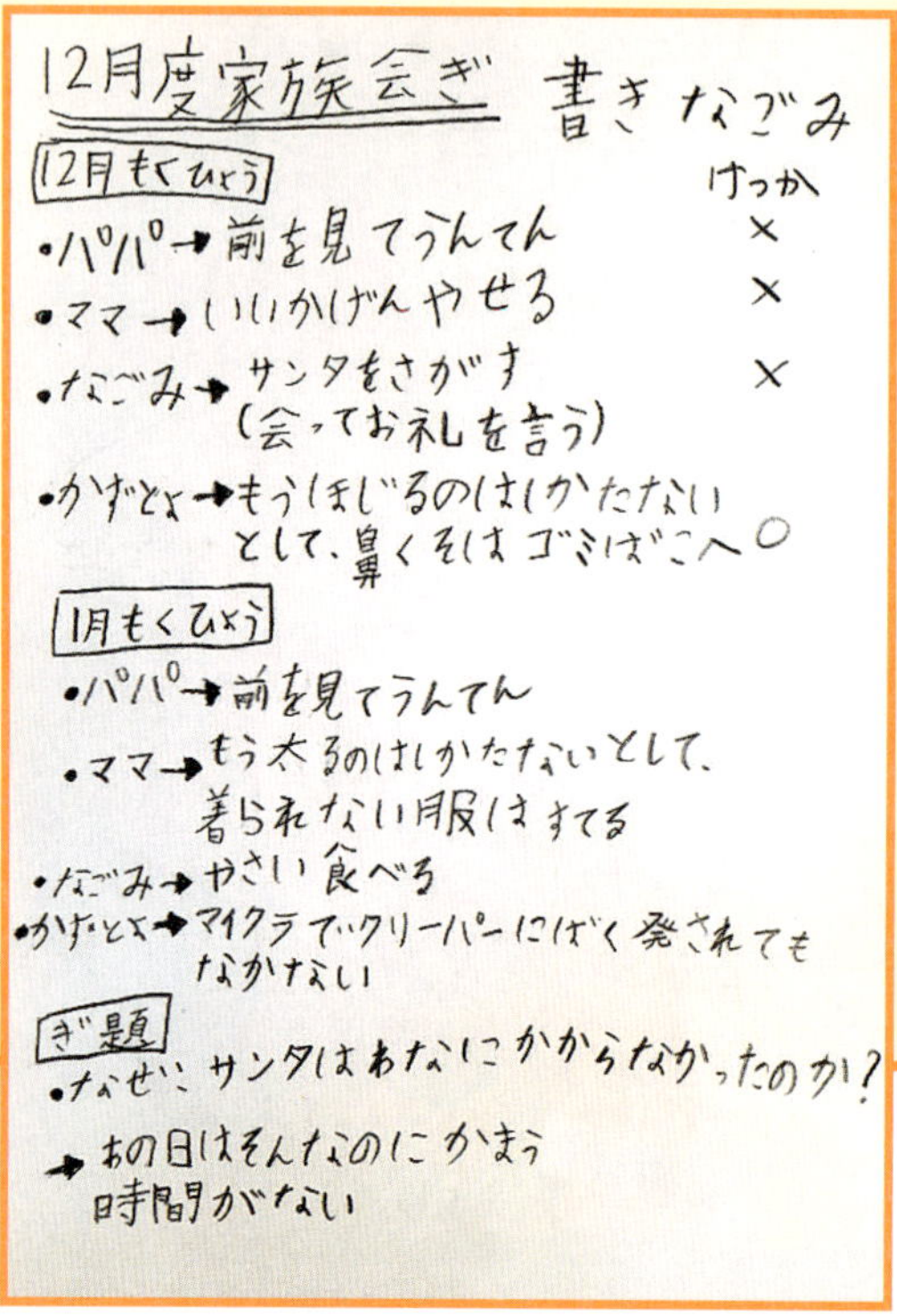

12月度家族会ぎ　書き　なごみ

12月もくひょう　　　けっか

・パパ→前を見てうんてん　×
・ママ→いいかげんやせる　×
・なごみ→サンタをさがす（会ってお礼を言う）　×
・かずとよ→もうほじるのはしかたないとして、鼻くそはゴミばこへ　○

1月もくひょう

・パパ→前を見てうんてん
・ママ→もう太るのはしかたないとして、着られない服はすてる
・なごみ→やさい食べる
・かずとよ→マイクラでクリーパーにばく発されてもなかない

ぎ題

・なぜ、サンタはわなにかからなかったのか？
→あの日はそんなのにかまう時間がない

サンタ、マジリスペクト！

なごみだけでなく、かずとよも、望んでいたプレゼントを間違いなく枕元に届けてくれるサンタをとてもリスペクトしています。なごみの『サンタをさがす（会ってお礼を言う）』は、そのリスペクトの気持ちを伝え、お礼を言いたいとの理由からです。サンタがわなにかからなかった理由としては、時間がないのもそうですが、薄目を開けて、待ち構えている子どもらにびくびくしていたから慎重にプレゼントを届けたためかと……。

1月の議事録

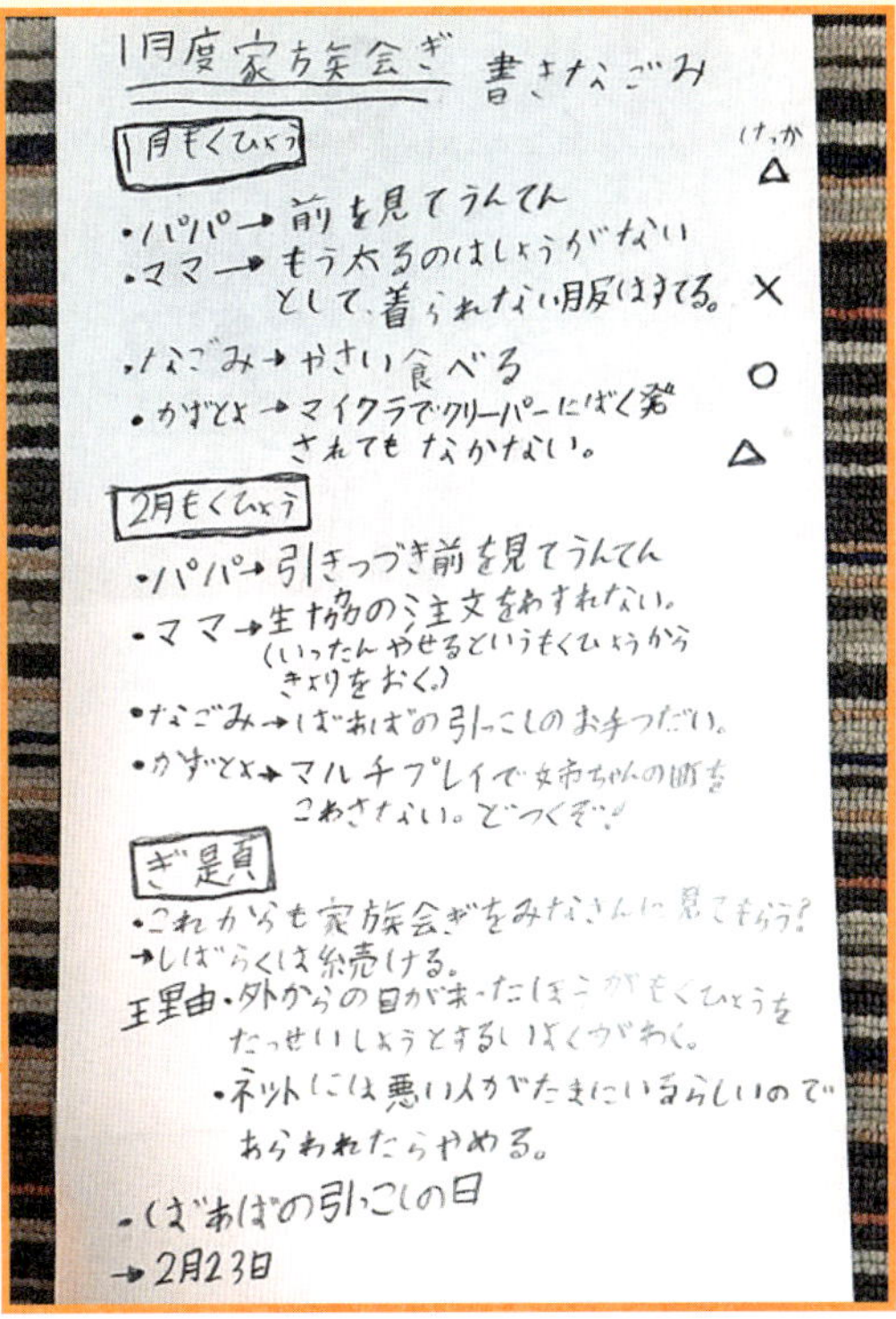

1月度家族会ぎ　書き なごみ

1月もくひょう　けっか

・パパ→前を見てうんてん　△
・ママ→もう太るのはしょうがないとして、着られない服はすてる。　×
・なごみ→やさい食べる　○
・かずとよ→マイクラでクリーパーにばく発されてもなかない。　△

2月もくひょう

・パパ→引きつづき前を見てうんてん
・ママ→生協の注文をわすれない。（いったんやせるというもくひょうからきょりをおく。）
・なごみ→ばあばの引っこしのお手つだい。
・かずとよ→マルチプレイで姉ちゃんの城をこわさない。どつくぞ!!

ぎ題

・これからも家族会ぎをみなさんに見てもらう?
→しばらくは続ける。
理由・外からの目があったほうがもくひょうをたっせいしようとするいよくがわく。
・ネットには悪い人がたまにいるらしいのであらわれたらやめる。

・ばあばの引っこしの日
→2月23日

ママ、やせる目標から一旦距離を置く！

ママの『いったんやせるというもくひょうからきょりをおく』は、一向にやせる気がないので、一旦ほかの目標にすることになりました。「やせるやせる詐欺」です（笑）。“ぎ題”にある“ネットには悪い人がたまにいる”について。このころ、議事録が皆様に広く共有いただけるようになり、中にはツイッターで心ない言葉を投げ掛けてくる方もおられました。ですので、もし家族に迷惑が掛かるようなことがあれば公開するのをやめようと提案しました。いまは優しいフォロワーさまに見守られ続いています。

2月の議事録

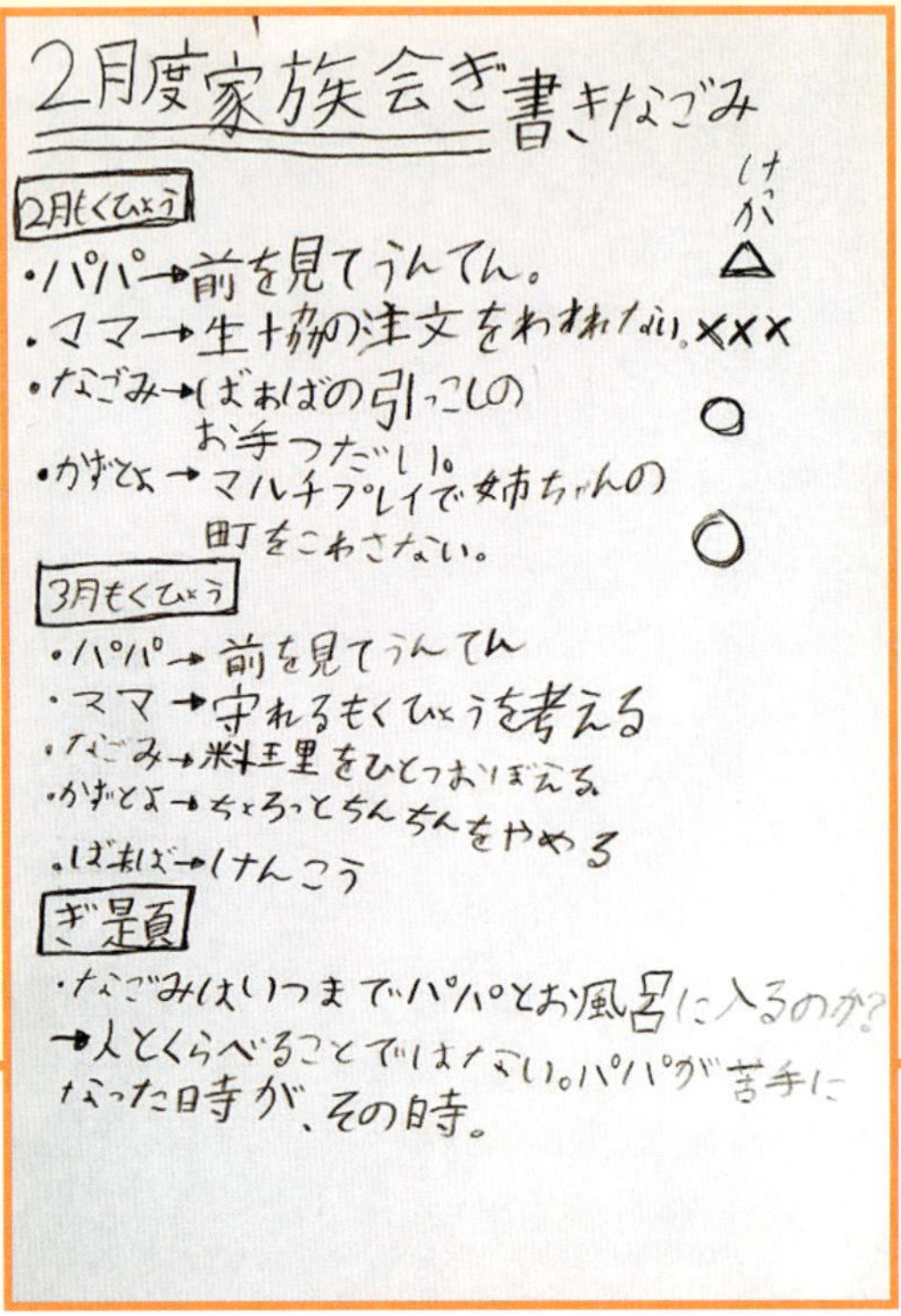

2月度家族会ぎ　書きなごみ

2月もくひょう

・パパ→前を見てうんてん。　けが △

・ママ→生協の注文をわすれない。×××

・なごみ→ばぁばの引っこしのお手つだい。○

・かずとよ→マルチプレイで姉ちゃんの町をこわさない。○

3月もくひょう

・パパ→前を見てうんてん

・ママ→守れるもくひょうを考える

・なごみ→料理をひとつおぼえる。

・かずとよ→ちょろっとちんちんをやめる

・ばぁば→けんこう

ぎ題

・なごみはいつまでパパとお風呂に入るのか？

→人とくらべることではない。パパが苦手になった時が、その時。

なごみのお風呂問題、解決！

かずとよの目標『ちょろっとちんちんをやめる』の“ちょろっとちんちん”は、ママが作った造語です。５月のなごみの目標にある『トマトのどぅる』もそうです。我が家ではたくさんの“ママ語”がその時どきで流行します。“ぎ題”にある、“お風呂問題”は、なごみの同級生の子が、お父さんとはもうお風呂に入らないらしい――という情報をママに聞いて、ぼくから提案しました。結果、娘は「まだ入りたい」。ママからは「入りたいと言ってもらえている時間を楽しめ！」と一喝されました（笑）。

数ある中から超厳選!!

もひかんツイッター集

4月
7日

息子の幼稚園に提出する書類に本気出したった。

家族状況　（同居中の家族全員を記入してください。）

	氏名	続柄	備考（兄弟姉妹の学年等を記入してください）
1		本人	
2			
3			
4			
5			
6			
7			
8			
9			
10			

現住所附近の地図（目印となるところから簡単に書いてください。）

1月20日

「子どもの取り違え」のニュースを見ていて子どもらに「本当のパパやママがどこかにいたら、ここから出ていく？」と尋ねた。2秒で涙目になった娘を見てぼくも2秒で涙目になったので、間違いない親子だ。

1月25日

10回目の結婚記念日でした。プロポーズの言葉は、「ビデの水流になってあなたに飛んで行きたい。そのあと一生下水暮らしでも構わない」だったと思います。言葉通り今日まで一緒に泥水をすすらせてしまいました。申し訳ない。

2月13日

昨日、お風呂からあがったら窓が開いてた。「あれ？」て思わず声が出たら、涙目の息子が飛び起きて閉めた。窓から見える嫁のパート先を見てて、慌てて寝たフリしたみたい。22時まわってたけどゲームさせたげた。嫁はバイオリン弾かれへんし、子どもはチェロ弾かれへんけど別にかまへん。うちはうちの育てかたがある。

3月12日

嫁さんとちょっとしたことで、喧嘩というか気まずい感じ。かずとよが空気を察してかちんちんにハンドクリームを塗ってわらかしてくれた。なんかありがとう。

3月23日

久しぶりに男同士でお風呂でした。かずとよが「ちんちんひっつけてみよ」てしつこいので、1回だけひっつけてやりました。「なんも起きひんかったなあ」て、先に上がって行きました。なんかすごい乱暴された気分。

3月29日

トラックに乗って12年目。
ついに今日パンティを運びました。

4月29日

息子とお風呂に入ると、ちんちんで焼き芋屋さんごっこをやらされるのですが、最近は口上も板について、「本当に最後の1本だよ～」などと客役のぼくの購買意欲を高めてきます。

6月18日

おかんがツイッターをやってみたい的なことを言い出したので、延命のために「ポストに見ず知らずの人から花束やうんこが届くんやで」と阻止しました。

7月1日

「これだから女は」が口癖の人は女に生まれ変わっても口癖が「これだから男は」でしょうし、「老害」が口癖の人はきっと「最近の若い奴は」が口癖になる人です。とんでもない滞空時間でぶっ刺さるブーメランを遠くから眺めてたらいいんです。自分に当たらない距離を保って。

7月13日

ポケモンGOの説明を聞いた嫁
『歩かなあかんの？　そんなもん流行るわけないがな』と一蹴。
そんなもんやせるわけないがな。

7月20日
娘と通知簿を挟んで家長の威厳を味わうことができる、年に3度だけの貴重なイベント中、嫁に「風呂沸いとるねんワレ」と罵られたので入ってきまーす。

7月23日
ばあば「このグーグルアカウントというやつが怪しい。
若者の電話番号を集める作戦や」

7月31日
（1/fのゆらぎを知らない）嫁
「90分ぐらいで目が覚めたらシャキッとするあれや」

8月2日
思い出した。助手席の彼女に「土筆んぼう」と書かれた居酒屋を指さして「なんて読むか知ってる？」て聞いたら「ドヒドヒドヒドヒ　ドヒメンボー♪」と歌いながら小躍りしたこと。この人と結婚しよって思ったのは、わからないこととか、言い間違えを恥ずかしがらずに笑ってもらえることに幸せを感じ取れる人だったからだったな。

8月9日
Cmaj7　Gm　たまに開いてる　ラブホの窓は　A7　Gm　どうして首が千切れるくらい見てしまうのだろう　Dm7　G7　D♭7　そこには　掃除のおばちゃんしか　いないのにねえ

8月25日
我が家の家訓はふたつだけ。ひとつは「されて嫌なコトは自分でもやめる」。嫌なコトをこの世から1個でも消滅させただけで、もうぼく、嫁、子どもらには存在価値があると思ってる。それはネットでも同じ。あとひとつは「ちんちん及びそれに類するものは毎日洗う」。見えないところ程キレイに。身体も心も。

8月29日
こんな雨の日は古傷が痛む。これだけ書けば格好良く聞こえは良いが、野球部の水谷くん（仮名）からエロ本をもらった帰りに手をクロスして自転車のハンドル握ったら姫路城の外堀に落ちて痛めた歯茎です。

9月12日
おもちゃの電池を交換したいとのことで、娘にドライバーの使い方を教えた。「世の中のネジはすべて反時計回りで緩むの？」と聞かれ「ヤマハの単車など、稀に逆ネジというものが存在するよ」と答えたがためにネジ山を潰す。小4女児には不必要な知識を与えてしまい、シルバニアの明かりの灯るお家に二度と明かりが灯ることはない。（※最終的に灯った）

10月10日
娘「意見が同じときに、右に同じって言うやん？
　じゃあ左の人と意見が同じときはどないしたらええの？」
嫁「左の人が言うから黙っとれ」

10月12日
嫁さんに「今月から小遣い5000円上げたろか？」と不意に言われたので、つい「学資にまわして」と強がってしまった。そんなラリーが3回。あと1回聞かれたら応じるつもりだったのに。家計のハンドリングとは、家長のプライドが何ターン先で折れるかを探るゲームらしいです。

おわりに

最後まで読んでいただきありがとうございました。

この本を作っている最中にスタッフの方から、「家族会議をうまくやるコツは何ですか？」と聞かれたことがありました。

一生懸命考えてみたのですが、明確な答えは見つかりませんでした（笑）。

ただ、ひとつだけお伝えできるとすれば、肩ひじ張らずに話し合って、欲張らずに目標を決めることが大切なんじゃないか——と思っています。

「はじめに」でもお伝えしたように、ぼくはわき見運転で大きな事故を起こしてしまいました。

大人のぼくでさえ、仕事をする上で最低限の「目標」である「前を見て運転する」ことを忘れてしまい、事故を起こしてしまったのです（ただぼくがどうしようもなくアホなせいでもありますが……）。

ましてや子どもには「あれをやりなさい」「あそこに行ってはいけません」などと際限なく、期限も設けないような目標（約束）は、そういくつも守れないように思います。

月にひとつだけ、それもギリギリクリアできる、しかも、できれば楽しく取り組める目標を家族で見つけてみてはいかがでしょうか。
目標をクリアできたときのうれしそうな子どもらの顔が見られただけで、もう会議は成功したようなものです。

我が家の家族会議の内容は、世間さまに比べておそらくとてつもなく次元の低い話題ばかりかと思います。ハナクソもちんちんもバンバン出てきます。そしてこれからも出てくると思います。

でもこれでいいのです。これが我が家なのですから。

みなさんの家にはみなさんの家族にしかできない「家族会議」があると思います。
もしよろしければ、毎月家族で話し合う機会を設けていただき、いまよりさらに楽しい家族生活を送るきっかけとなりましたら、この本の意味があるかと思います。

それでは最後に、これからも我が家のことをどうぞよろしくお願いいたします！

2017年１月　もひかん

著者紹介

もひかん

1974年、兵庫県姫路市生まれ。妻、娘、息子、母の５人暮らし。2015年ころよりツイッター上に家族での会議を議事録化したものを毎月アップし始める。アップ直後から、そのあたたかくも爆笑の議事録が話題となり、一般人ながらフォロワー数は７万人を突破。

なんでも解決！ もひかん家の家族会ぎ

著　者　もひかん
2017年3月1日　初版発行

発行者　横内正昭
編集人　青柳有紀
発行所　株式会社ワニブックス
〒150-8482
東京都渋谷区恵比寿4-4-9　えびす大黒ビル
電話　03-5449-2711（代表）
03-5449-2716（編集部）
ワニブックスHP　http://www.wani.co.jp/
WANI BOOKOUT　http://www.wanibookout.com/

印刷所　株式会社美松堂
製本所　ナショナル製本

- 装丁：五十嵐ユミ（Pri Graphics）
- 本文デザイン＋DTP：斎藤 充（クロロス）
- イラスト：大森拓弥／SUGAR
- 校正：玄冬書林
- 編集：内田克弥（ワニブックス）

ISBN 978-4-8470-9540-5